Die Rechtsverhältnisse der Hochschullehrer in Preußen.

Zum praktischen Gebrauche

dargestellt von

Conrad Bornhak.

Berlin.
Druck und Verlag von Georg Reimer.
1901.

Vorwort.

Die vorliegende Darstellung der Rechtsverhältnisse der Hochschullehrer in Preußen verdankt ihre Entstehung einer Anregung der Verlagsbuchhandlung. Bei der Dürftigkeit des gedruckten Quellenmaterials und der großen Bedeutung der Verwaltungspraxis gerade für das Universitätsrecht wäre mir aber eine erschöpfende Behandlung des Gegenstandes nicht möglich gewesen, wenn mir nicht auf meine Bitte die Benutzung der Akten des Ministeriums gestattet worden wäre. Dafür, daß sie mir diese zugänglich machten, bin ich den Herren Ministerialdirektor Dr. Althoff und Geh. Ober-Regierungsrat Dr. Elster zu besonderem Danke verpflichtet.

Berlin, den 18. Januar 1901.

Conrad Bornhak.

Inhalt.

Geschichtliche Einleitung.

§ 1. Die deutschen Universitäten des Mittelalters [1]).

Im Gegensatz zu den wichtigsten Universitäten West- und Südeuropas, die von selbst aus den Bedürfnissen des wissenschaftlichen Lebens heraus entstanden, namentlich von Bologna und Paris, sind die deutschen Universitäten des Mittelalters durchweg Stiftungen der Landesobrigkeit. Privilegien der universalen Gewalten, bis in die Mitte des 15. Jahrhunderts des Papstes allein, dann auch des Kaisers erschienen notwendig nicht zur Begründung der Universität selbst, wohl aber um der neuen Stiftung allgemeine Anerkennung zu sichern. Daneben schimmert die Auffassung durch, daß für die Begründung des Studiums der Theologie und des kanonischen Rechtes die päpstliche, für die des römischen Rechtes, des Kaiserrechtes, die kaiserliche Ermächtigung nicht entbehrt werden kann. Die Stiftung selbst ist dagegen Sache der Landesobrigkeit. Sie ruft mit ihrer Stiftungsurkunde, welche gleichzeitig die Grundzüge des korporativen Verfassung enthält, die neue Stiftung unmittelbar ins Leben und sorgt für eine entsprechende Ausstattung.

Der Lehrkörper der Universität wird zunächst bei ihrer Begründung besonders gebildet. Die Landesobrigkeit ließ es sich hier angelegen sein, durch Berufung von hervorragenden Lehrkräften und Gelehrten der neuen Stiftung eine angesehene Stellung zu verschaffen. Insbesondere erstreckte sich die Berufung nur auf solche Personen,

[1]) Vgl. Paulsen, Die Gründung der deutschen Universitäten im Mittelalter in der Hist. Ztschr. Bd. 45 (1881), S. 251ff.; Denifle, Die Universitäten des Mittelalters bis 1400, Berlin 1885, Bd. 1, S. 582ff.; Kaufmann, Geschichte der deutschen Universitäten, Stuttgart 1888ff., Bd. 2, S. 1ff., 198ff.; Stein, Die akademische Gerichtsbarkeit in Deutschland, Leipzig 1881, S. 12ff.

die bereits den ihrem neuen Amte entsprechenden akademischen Grad besaßen.

Die weitere Ergänzung des Lehrkörpers ist dagegen der genossenschaftlichen Autonomie überlassen. Diese Ergänzung erfolgt durch die Erteilung der akademischen Grade, namentlich desjenigen des Doktors. Wenn vielfach auch schon Baccalaren und Licentiaten die Befugnis zum Halten von Vorlesungen gewährt wurde, so giebt die volle Berechtigung doch nur der Doktorgrad.

Der Doktorgrad bedeutet wie der annähernd gleichwertige des Magisters, der bei den Artisten vorwiegt, die Aufnahme in die Gemeinschaft der Lehrenden zu vollem Rechte. Zunächst erhält der Scholar den Grad des Baccalars in der Fakultät, in der er studiert hat, bisweilen ohne Prüfung und nur von seinem Lehrer unter Autorität der Fakultät. Nach weiterem Studium wird auf Grund einer erneuten Prüfung vor der Fakultät oder ihrer Prüfungskommission die Licenz erworben. Diese bildet keinen besonderen Grad, sondern nur die Erlaubnis, sich um die Doktorwürde zu bewerben. Hier greift denn auch die Obrigkeit ein, indem der Kanzler auf Grund der Prüfung durch die genossenschaftlichen Organe die Licenz gewährt. Wegen der erheblichen Kosten machte aber mancher von der Erlaubnis, den Doktor- oder Magistergrad zu erwerben, längere Zeit oder gar nicht Gebrauch, sondern blieb Licentiat. Die Promotion selbst vollzieht sich, nachdem die Licenz erteilt ist, ausschließlich durch die Fakultät und ihre Organe in besonders feierlichen Formen.

Das Verhältnis der Fakultäten brachte es mit sich, daß vielfach zuerst in der Artistenfakultät der Doktorgrad erworben wurde, der junge Magister dann weiter studierte, um auch in einer oder mehreren der oberen Fakultäten akademische Grade zu erlangen. Doch war der Besitz der Magisterwürde für die Promotion in den oberen Fakultäten keineswegs notwendig. Immerhin prägt sich die Regel des Studienganges schon in den Erfordernissen der einzelnen Grade aus. Baccalar der Artistenfakultät, die zum Teil das heutige Gymnasialstudium ersetzte, konnte man schon mit 17 Jahren nach ein- bis zweijährigem Studium werden, die höchste akademische Würde eines Doktors der Theologie setzte dagegen ein Lebensalter von 30 Jahren voraus.

Obgleich die Privilegien von Papst und Kaiser die allgemeine Anerkennung der von einer Universität verliehenen akademischen Grade bezwecken sollten, hat sich dieser Anspruch doch nie in vollem

Umfange verwirklichen lassen. Doktoren fremder Universitäten die die Rechte einheimischer beanspruchen, bedürfen daher einer besonderen Aufnahme. Diese wird nur gegen Zahlung der vollen Promotionsgebühr erteilt, oder der fremde Doktor erhält erst nach einigen Jahren der Lehrthätigkeit Aufnahme in den regierenden Rat. Andrerseits sucht die Universität die allgemeine Anerkennung ihrer eigenen Grade dadurch zu erreichen, daß sie sich bei der Promotion eidlich geloben läßt, der Kandidat werde den gleichen Grad niemals bei einer anderen Universität nachsuchen.

Die doctores bullati, d. h. die vom Papste und später auch vom Kaiser ernannten Doktoren, wurden daher nur auf Grund eines besonderen Gnadenaktes der Fakultät oder auf Grund einer besonderen Prüfung und nach Entrichtung doppelter Gebühren zugelassen.

Durch die Promotion erhält der Doktor oder Magister aber nur das Recht und nicht die Pflicht zu lesen. Nur die jungen Magister haben vielfach die Verpflichtung, nach der Promotion noch ein bis zwei Jahre zu lesen. Das gehört gewissermaßen noch zum Studium wie die Lehrthätigkeit der Baccalare.

Die Fakultät hat nun dafür zu sorgen, daß die erforderlichen Vorlesungen gehalten werden. Dies geschieht einmal dadurch, daß sie die Graduierten zwingt, eine Zeit lang Vorlesungen zu halten, außerdem, besonders in der Fakultät der Artisten, dadurch, daß sie die Vorlesungen unter die lesenden Doktoren und Magister und andere Graduierte verteilt.

Die Fürsorge der Fakultät erweist sich aber immer mehr als unzureichend zumal in den oberen Fakultäten, deren Mitglieder sich durch lohnendere anderweitige Thätigkeit leicht dem Lehrberufe entziehen ließen. Damit ergiebt sich die Notwendigkeit des Eintretens der Landesobrigkeit durch Gewährung von Besoldung an einzelne Doktoren gegen Übernahme einer bestimmten Lehrverpflichtung.

Bei der Begründung einer neuen Universität konnten die ersten Lehrer natürlich nur in dieser Weise berufen werden. Die Besoldung besteht entweder in einer bei Begründung der Universität mit ihr verbundenen geistlichen Pfründe oder wird unmittelbar auf die obrigkeitliche Kasse übernommen. Bei den Pfründen handelte es sich meist um solche, bezüglich deren der Landesobrigkeit das Patronatsrecht zustand. Doch waren dabei Streitigkeiten der verschiedensten Art, besonders mit der geistlichen Obrigkeit, welche die Stelle zu besetzen hatte, an der Tagesordnung. In Heidelberg hatte die Universität das Recht, für 12 Kanonikate der Heiligen Geist-Kirche, die der Universität inkorporiert waren, den zu Exekutoren der Stiftungsbulle von 1400 ernannten Prälaten geeignete Doktoren und Magister vorzuschlagen, ihre Bestellung und ihren Ausschluß zu fordern.

Für die aus den Mitteln der Landesobrigkeit oder aus ihren Patronatspfründen besoldeten Lehrämter gilt unbedingt der Grundsatz, daß aus der Gewährung der Besoldung sich das Recht der Berufung ergiebt. Die freie genossenschaftliche Selbstergänzung, wie sie sich durch die Promotionen vollzieht, wird für die besoldeten Lehrstellen einfach ersetzt durch die Bestellung seitens der Landesobrigkeit, wenn auch die Bekleidung des besoldeten Lehramtes die erfolgte Promotion voraussetzt. Wie aber der öffentlichrechtliche Charakter des Beamtenverhältnisses überhaupt noch nicht ausgeprägt ist, in der Ratsstube des Landesherrn allmählich die „gemieteten Doktoren" die geborenen Räte verdrängen, so ist auch die Bestallung des Universitätslehrers (conductio) privatrechtlicher Dienstvertrag zwischen ihm und der Landesobrigkeit. Das ist aber nichts anderes als der damalige Typus des Beamtenverhältnisses, der in Deutschland bis nach dem dreißigjährigen Kriege geherrscht hat. Aus dem Mietsvertrage ergiebt sich für den besoldeten Doktor die Verpflichtung zur Abhaltung bestimmter Vorlesungen „secundum tenorem conductionis" und damit ein fester Lehrauftrag, für die Obrigkeit die Verpflichtung zur Zahlung der Besoldung.

Durch das Recht der Landesobrigkeit zur Bestallung der besoldeten Doktoren wird eine vorherige Befragung der Universität keineswegs ausgeschlossen. So läßt Kaiser Friedrich III. 1460 bei der theologischen Fakultät zu Wien anfragen, „quatenus cogitaret de aliquo, qui subroguri posset in locum M. Thomae de Haselbach in lectura stipendiata in facultate theologica". Und im Jahre 1482 wollte der Kaiser einem Doktor der Medizin das Lehramt nur übertragen unter der Bedingung der Zustimmung seitens der Doktoren der medizinischen Fakultät, die sich dann auch einverstanden erklärten [1]).

Diese Vorschläge oder Zustimmungen der Fakultäten stehen mit deren überkommenem Selbstergänzungsrechte in keinerlei Zusammenhang und sind überhaupt kein korporatives Recht. Insbesondere ist

[1]) Vgl. Kaufmann a. a. O. S. 339 N. 2.

eine organische Fortentwicklung der freien Selbstergänzung zu einer solchen unter landesobrigkeitlicher Bestätigung und der Bestätigung zur Ernennung auf Vorschlag oder unter Zustimmung der Fakultät nirgends nachweisbar. Die freie Selbstergänzung durch die Promotion und die Bestallung der besoldeten Lehrer aus der Zahl der Promovierten durch die Landesobrigkeit stehen sich vielmehr unvermittelt gegenüber. Wenn die Aeußerung der Fakultät für die Besetzung besoldeter Lehrämter erfordert wird, was übrigens keineswegs allgemein der Fall ist, so erscheint dies als freie, nach keiner Richtung hin bindende Entschließung der Landesobrigkeit, wodurch diese sich des sachverständigen Gutachtens der Fakultät versichert.

Eine besondere Bezeichnung der besoldeten Lehrer ist noch nicht üblich. Insbesondere ist die eines Professors noch allgemeiner Gattungsbegriff, nicht Titel des beamteten Lehrers. Doktor Martin Luther und Magister Melanchthon sind uns bekannt, ein ordentlicher Professor der theologischen bezw. der philosophischen Fakultät dieses Namens ist dem Volksbewußtsein fremd.

Grundsätzlich sind die Vorlesungen entgeltlich und werden nur gegen Honorar gehalten. Nur für Arme ist das Honorar erlaßbar. In Leipzig sorgt sogar schon eine besondere Kommission von Taxatoren, bestehend aus vier Magistern und dem Dekane, für Einziehung und Erlaß. Nur bei den Artisten ist aber schließlich das Honorarwesen vorherrschend geblieben. Sobald ein Lehrer Besoldung erhielt, lag in dieser das Entgelt für seine Vorlesungen, die damit für die Zuhörer unentgeltlich wurden[1]). Der öffentlich bestallte Lehrer liest nur öffentlich. Das ist deshalb gleichbedeutend mit unentgeltlich. Der Gedanke, daß jemand für seine Lehrthätigkeit zwiefach, durch Gehalt und Honorar, bezahlt werde, ist dem Mittelalter stets fremd geblieben. Da nun aber das besoldete Lehramt in den oberen Fakultäten vorwiegt, bei den Artisten nur selten ist, hat sich auch bei den letzteren das Honorar länger erhalten. Schon zeigen sich aber Ansätze, daß der öffentliche Lehrer neben seiner amtlichen Lehrthätigkeit privatim eine solche entwickeln und dafür wieder Bezahlung von seinen Schülern nehmen kann. So bestimmen die Wittenberger Statuten von 1508 für die Theologen: „Poterit etiam privatim quis profiteri, sine tamen ordinariarum lectionum praejuditio“.

---

[1]) Vgl. Horn, Kolleg und Honorar, München 1897, S. 1 ff.

Dem Charakter der Magisterkorporation entsprechend, der von Paris auf die deutschen Universitäten übergegangen war, sind an der korporativen Selbstverwaltung der Universität alle Doktoren und Magister beteiligt und werden zu der regierenden Versammlung geladen. Die Zuziehung von Baccalaren und Licentiaten findet in den oberen Fakultäten nur selten statt, zumal wenn die Zahl der Doktoren zu gering ist. Sind sie gleichzeitig Magistri artium, so haben sie unbedingt volles Stimmrecht, aber in der Artistenfakultät. Regelmäßig werden auch nur die wirklich lesenden Lehrer, die doctores und magistri regentes, berufen. Wo, wie in Wien, Heidelberg und Köln, auch die non regentes geladen werden, sind immerhin ihre Befugnisse mannigfach, z. B. in Bezug auf Wahlrecht des Rektors und Dekans, der Examinatoren und Promotoren, beschränkt. Besondere Schwierigkeiten machte es bei der Abstimmung, die oberen Fakultäten nicht vor der bei weitem zahlreicheren Artistenfakultät in den Hintergrund treten zu lassen, andererseits aber letzterer einen entsprechend höheren Einfluß zu sichern. Jedenfalls genossen in der korporativen Selbstverwaltung die beamteten Lehrer vor den ohne amtliche Verpflichtung lesenden Doktoren und Magistern keinerlei Vorzug.

Die Frage, ob die mittelalterlichen Universitäten Deutschlands geistliche oder klerikale Anstalten oder staatliche Einrichtungen oder freie Genossenschaften waren, ist überhaupt müßig, weil man schon bei Aufwerfung dieser Frage eine scharfe Unterscheidung der Rechtsbegriffe voraussetzt, die dem Mittelalter fremd war. Die Universitäten trugen eben von alledem etwas an sich. Das gilt auch von dem Charakter des Lehrpersonals. Die engste Verbindung mit der Kirche wurde schon von Anfang an dadurch hergestellt, daß die Universität ohne eine Besoldung der Lehrer wenigstens in den oberen Fakultäten nicht bestehen konnte, und man bei der Schwäche der weltlichen Obrigkeit auf die — in reichem Maße gewährte — Hilfe der Kirche angewiesen war. Die Besoldung der Lehrer durch kirchliche Pfründen machte nicht nur die Mitwirkung der Kirche bei der Stiftung unentbehrlich, sondern gab auch dem Lehrkörper zum großen Teile den Charakter einer Vereinigung von Pfründeninhabern und damit den äußeren klerikalen Anstrich. Bei einzelnen Universitäten, die vorzugsweise auf kirchliche Pfründen angewiesen waren, mußte sich damit auch eine starke Abhängigkeit der Universität selbst vom Papste nach Pariser Vorbild entwickeln. Aber andererseits standen wenigstens die beamteten Lehrer in dem besonderen Dienstverhältnisse, das der Patrimonialstaat für seine Beamten ausgebildet hatte. Alle Lehrer endlich waren an einer obrigkeitlichen Stiftung thätig und an ihrer genossenschaftlichen Selbstverwaltung beteiligt.

§ 2. Der brandenburg-preußische Territorialstaat[1]). (1506—1694.)

Die Begründung der brandenburgischen Landesuniversität Frankfurt a. O. (1506) fällt noch in das Mittelalter und trägt daher noch vollständig den Charakter mittelalterlicher Stiftungen mit Privilegien der universalen Gewalten, Papst und Kaiser, und dem halbgeistlichen Charakter. Die Universität Königsberg (1544) ist dagegen nächst Marburg (1529) eine der ersten protestantischen Stiftungen. Privilegien von Papst und Kaiser waren für sie trotz aller Bemühungen schon nicht mehr zu erhalten, sondern nur ein solches des Königs von Polen (1560). Die Universität Duisburg endlich, für welche bereits zur Zeit der klevischen Herzöge päpstliches wie kaiserliches Privilegium erteilt waren (1566), trat erst 1655 als reformierte Stiftung für die westlichen Landesteile ins Leben auf Grund des alten kaiserlichen Privilegiums, während man von dem päpstlichen keinen Gebrauch mehr machte. Sehr bald prägte aber allen drei Universitäten das protestantische Bekenntnis, wenn auch in seinen verschiedenen Richtungen — Frankfurt a. O. anfangs lutherisch, seit Johann Sigismund reformiert, Königsberg stets lutherisch, Duisburg stets reformiert — seinen Typus auf.

Noch ergänzt die Universität ihren Lehrkörper grundsätzlich auf der genossenschaftlichen Grundlage der Promotionen. Mochten immerhin viele wie schon von je her den Doktor- und Magistergrad nur als Auszeichnung suchen, so hatte er doch noch einen vollen Inhalt, er allein gab die Lehrbefähigung, den selbst die beamteten Lehrer der Fakultät erwerben mußten, sofern sie ihn nicht etwa schon besaßen, ehe sie lesen konnten Bei der allgemeinen Anerkennung der akademischen Grade konnte auch jeder Doktor und Magister nicht bloß da, wo er den Grad erworben hatte, sondern auch bei jeder fremden Universität lesen. So weit eine besondere Zulassung fremder Doktoren verlangt wurde hatte sie nur die Bedeutung einer finanziellen Auseinandersetzung

[1]) Vgl. Bornhak, Geschichte der preußischen Universitätsverwaltung bis 1810, Berlin 1900, S. 1 ff., 12 ff.

mit der Fakultät wegen der Gebühren, eine neue Prüfung fand nicht statt. Die nicht kraft amtlichen Auftrages thätigen Lehrer, im Gegensatze zu ihnen als privatim docentes bezeichnet, sind hiernach die unmittelbaren Nachfolger der lesenden Doktoren des Mittelalters. Nur thatsächlich hatte sich das Verhältnis verschoben. Denn wer nun als Privatdozent las, that dies meist in der Erwartung, demnächst eine besoldete Professur zu erlangen, so daß das Privatdozententum zur niederen Stufe innerhalb des Lehrkörpers wurde.

Die besoldeten Lehrämter waren im Mittelalter von der Landesobrigkeit besetzt worden, weil sie die Besoldung oder Pfründe verlieh. Trotz vereinzelter Befragung der Fakultäten hatte kein genossenschaftliches Recht auf Mitwirkung bei der Besetzung bestanden. Das ändert sich erst durch die Reformation und der mit ihr gegebenen Möglichkeit, die Universität aus den Säkularisationen mit eigenem Vermögen auszustatten. Der mittelalterliche Rechtsgrundsatz, daß, wer die Besoldung zu gewähren hat, auch das Lehramt besetzt, kommt jetzt den Universitäten zu Gute und entwickelt in der Zeit tiefsten Verfalls der mittelalterlichen Genossenschaften ein neues genossenschaftliches Recht und zwar der Universität als Gesamtheit, nicht der einzelnen Fakultäten. Der regelmäßige Gang ist es nunmehr, daß die Fakultät Vorschläge macht, der Senat darauf hin frei wählt, und der Landesherr den Gewählten bestätigt mit der Aufforderung an die Universität, ihn einzuführen. Schon im Anfange des 17. Jahrhunderts nimmt aber der Landesherr wieder einen materiellen Einfluß auf die Ernennungen in Anspruch, zunächst in der schonenden Form von Empfehlungen, denen sich die Universität nicht wohl entziehen konnte und dann durch einfache Ernennungen, die immer häufiger werden und schließlich überwiegen. Als letzter Rest der genossenschaftlichen Bestallung bleibt nur die formale Introduktion durch die Universität nach landesherrlicher Aufforderung übrig.

Neben den ordentlichen beamteten Lehrern, für welche in dieser Periode der Professortitel üblich wird, erscheinen außerordentliche Professoren. Ihre Stellung hat ursprünglich die Bedeutung einer Expektanz auf die nächste freie Professur ihrer Fakultät. Die allgemeine Erwartung der Privatdozenten hat sich bei ihnen zu einem Warterechte verdichtet. Die außerordentlichen Professoren ernannte der Landesherr allein, teilweise auf Empfehlung der Universität. Denn sie bezogen entweder gar kein Gehalt oder ein solches aus landesherrlichen Kassen. Soweit in dem Extraordinariate eine Expektanz lag, wurde aber damit gleichzeitig das freie Wahlrecht der Universitäten für die Ordinariate eingeschränkt.

Honorarprofessoren, vom Landesherrn ernannt, kommen nur vereinzelt vor, in Frankfurt a. O. mit dem Vorrange vor allen anderen Professoren und mit der Berechtigung, in jeder Fakultät zu lesen, in Königsberg ist die Stellung gleichbedeutend mit der der Extraordinarien.

Altersschwache Professoren erhielten einen Substituten mit dem Rechte der Nachfolge, dem sie einen Teil ihres Gehaltes abgeben mußten. Den Substituten bestellte entweder der dienstunfähige Professor selbst mit Genehmigung der Universität und des Landesherrn oder letzterer allein.

Die Anweisung der Besoldungen auf den eigenen Besitz der Universität oder auf landesherrliche Ämter bewirkte zunächst die Entrichtung eines großen Teiles der Einnahmen in Naturalien und machte im übrigen den Bezug besonders zur Zeit des großen Krieges von allen Schwankungen der Naturalwirtschaft abhängig. Die Klagen der Professoren darüber, daß sie ihr Gehalt nicht erhielten, waren daher etwas Alltägliches.

Teilweise mit den beschränkten Mitteln der Universität, teilweise mit mittelalterlichen Überlieferungen hängt es zusammen, daß die Professoren aus der philosophischen Fakultät, der Vorschule zum Erwerbe der allgemeinen Bildung, allmählich in die oberen Fakultäten zu gelangen suchten. Auch wurde vielfach ein Ordinariat in der philosophischen mit einem Extraordinariate in einer der oberen Fakultäten verbunden. Der Dozent stieg also allmählich, was die geringe Spezialisierung der einzelnen Wissenszweige erleichterte, von einem Extraordinariate der philosophischen zu einem Ordinariate in einer der oberen Fakultäten empor.

Die Entlassung eines Professors nimmt wie der übrigen Beamten seit dem großen Kurfürsten die aufstrebende landesherrliche Gewalt ausschließlich für sich in Anspruch. Die zweiseitig bindende Kraft des alten Mietsvertrages ist damit abgestreift. Doch sind Fälle unbilliger Entlassungen von Professoren in dieser Periode noch kaum vorgekommen.

Die verschiedene Art der Bestallung der Lehrer durch die genossenschaftliche Selbstergänzung der Promotion und durch die Ernennung zum Beamten macht sich vor allem in der zwiefachen Gestaltung der Vorlesungen geltend. Der öffentlich bestallte Lehrer hat für sein Gehalt die öffentlichen Vorlesungen unentgeltlich zu halten. Der Doktor und Magister dagegen, der ohne obrigkeitliche Bestallung auf Grund seines akademischen Grades Vorlesungen hält, läßt sich als Privatmann von den Zuhörern bezahlen, er hält Privatvorlesungen. Der Gegensatz der öffentlichen und Privatvorlesungen fällt also zusammen mit dem persönlichen der Vorlesungen der beamteten und der nicht beamteten Lehrer. Nur für erstere stellt denn auch die Landesobrigkeit den Hörsaal. Erst im 17. Jahrhundert verschwindet dieser Unterschied. Die Abschwächung der landesherrlichen Aufsicht während des dreißigjährigen Krieges und die Not der Zeit zwingt die Professoren, neben ihren unregelmäßig oder gar nicht eingehenden amtlichen Einkünften Erwerb zu suchen, wo sie ihn fanden. Sie kündigen daher auch Privatvorlesungen in ihren Privaträumen an, die anfangs kaum etwas anderes bedeuteten, als wenn heute ein Gymnasiallehrer seinen Schülern Privatunterricht giebt, aber doch bald im Lektionskataloge Aufnahme fanden und die öffentlichen Vorlesungen mehr und mehr in den Hintergrund drängten.

Die Teilnahme an der genossenschaftlichen Verwaltung der Universität schränkt sich in dieser Periode allmählich immer mehr auf die ordentlichen Professoren ein. Zunächst war statutenmäßig die Mitgliedschaft des Senates auf die ordentlichen Lehrer, bei der philosophischen Fakultät bisweilen die ältesten unter ihnen eingeschränkt. Für das Rektoramt hatten anfangs noch alle lesenden Doktoren und Magister das aktive und passive Wahlrecht. Indem aber seit der zweiten Hälfte des 17. Jahrhunderts jeder ordentliche Professor der Reihe nach ein Anrecht auf die Bekleidung des Rektorats erhielt, wurde für Privatdozenten und außerordentliche Professoren das aktive wie das passive Wahlrecht gegenstandslos. In den Fakultäten hatte sich schon seit Anfang des 17. Jahrhunderts die Mitgliedschaft überhaupt wie die Dekanatsfähigkeit auf die ordentlichen Professoren eingeschränkt. Eine bemerkenswerte Ausnahme blieb es, daß in der theologischen Fakultät zu Königsberg die außerordentlichen Professoren sich die Dekanatsfähigkeit und mit ihr die Mitgliedschaft der Fakultät erhalten hatten. Es waren wesentlich die mit der Beteiligung an der Selbstverwaltung verbundenen Sporteln, welche die ordentlichen Professoren unter Zustimmung der Landesobrigkeit auf die Zurückdrängung der anderen Lehrer an der korporativen Selbstverwaltung hinwirken ließ. Hand in Hand ging damit natürlich die Verkümmerung dieser Selbstverwaltung.

§ 3. Der absolute Beamtenstaat des 18. Jahrhunderts[1]). (1694—1810.)

Die neue Periode beginnt mit der Begründung der Universität Halle, welche einen Wendepunkt in der Geschichte der deutschen Universitäten überhaupt bezeichnet, nach einer Periode tiefsten Verfalls und wissenschaftlicher Verknöcherung der Beginn einer stetig aufstrebenden Bewegung. Halle war die erste Stiftung des modernen Staates Die Rechtsformen der Stiftung waren gleichwohl von den überkommenen nicht eben verschieden. Ein kaiserliches Privilegium, neben dem man sich auf ein altes päpstliches von 1531 berief, daneben die kurfürstliche Stiftung selbst, welche die Rechtsverhältnisse nach außen durch ein besonderes Privilegium regelte. Aber der in Halle waltende Geist war ein neuer. Die neue Stiftung vereinigte in sich eine Reihe der hervorragendsten Gelehrten aller Wissenszweige, den Geist der Zeit und damit den des neuen Staatswesens verkörpernd. Die Periode wissenschaftlichen Stillstandes war dadurch zunächst für Halle und, seit dessen Schüler die Lehrstühle der anderen Universitäten einnahmen, auch bei ihnen überwunden.

So haben denn auch die Rechtsverhältnisse der Universitätslehrer keine wesentliche Umgestaltung erfahren. Die überkommenen Formen blieben im allgemeinen erhalten.

Als Grundlage der ganzen Lehrverfassung ist die genossenschaftliche Selbstergänzung des Lehrkörpers durch die Promotion bestehen geblieben. Daran hielt man mit Entschiedenheit fest, daß die Erwerbung des entsprechenden akademischen Grades an einer anerkannten Universität nicht nur bei dieser, sondern auch bei jeder anderen die Befugnis zum Lesen gebe. Die an einer anderen Universität Graduierten bedurften, um lesen zu dürfen, einer besonderen Reception, die jedoch gegen Zahlung der entsprechenden Gebühren ohne weiteres gewährt werden mußte. Es kam daher nicht selten vor, daß einer Fakultät sich ganz gegen ihren Willen ein Privatdozent aufdrängte, den sie gar nicht haben wollte.

---

[1]) Vgl. Bornhak, a. a. O. S. 54 ff., 94 ff.

Im allgemeinen ist jedoch das Privatdozententum in Preußen, im Gegensatze zu anderen deutschen Staaten, namentlich zu Sachsen, verkümmert. Dies lag an dem ausgebildeten und spezialisierten preußischen Prüfungswesen. Während z. B. in Leipzig alle, die höhere Ämter erstrebten, auch Advokaten und Hofmeister eine Zeit lang Doctores oder Magistri legentes wurden, lasen in Preußen nur die wenigen Doktoren, die es von Anfang an auf eine Professur abgesehen hatten. Bei der Ärmlichkeit der deutschen Mittelklassen und den geringen Honorareinnahmen konnten das natürlich nur wenige. Es bildete daher eine große Seltenheit, wenn eine Fakultät überhaupt einmal einen Privatdozenten hatte. Durch die verschiedensten Mittel, besonders durch Heranziehung von Beamten, die anderweit ihre Besoldung hatten, suchte man dem Mangel an Nachwuchs abzuhelfen. Im übrigen blieben nur Berufungen von außerhalb übrig.

Der Lehrkörper der Universitäten wird somit fast ausschließlich durch die beamteten Lehrer, die Professoren, vertreten.

Daß für die Besetzung erledigter Lehrämter der Senat nach Anhörung der beteiligten Fakultät Vorschläge macht, ist für die ganze Periode nachweisbar. Aber diese Vorschläge sind völlig unverbindlicher Art. Mit der Bedeutungslosigkeit der Vorschläge, die übrigens bei den Professoren selbst keineswegs beliebt waren, verschwindet auch der Einfluß einzelner Professorenfamilien. Dagegen ließ man sich gern Vorschläge von einzelnen Professoren machen. Bei Besetzung der theologischen Professuren sollte seit 1750 auch das Oberkonsistorium gehört werden. Die staatliche Ernennung giebt daher durchweg den Ausschlag. Die monarchische Initiative ist dabei, abgesehen von der Begründung nationalökonomischer Professuren durch Friedrich Wilhelm I., sehr gering. Die eigentliche entscheidende Stelle ist die Ministerialinstanz, das Oberkuratorium der Universitäten.

Das religiöse Bekenntnis war anfangs durch den stiftungsmäßig konfessionellen Charakter der einzelnen Universitäten bestimmt. Seit Friedrich dem Großen nimmt man hierauf in den drei letzten Fakultäten keine Rücksicht mehr, und am Schlusse der Periode werden auch in den theologischen Fakultäten vereinzelt einige Stellen mit Angehörigen der anderen protestantischen Konfession besetzt.

Für die besoldeten Lehrämter bestand der Stellenetat derart, daß die ersten Stellen besser ausgestattet waren als die nächst folgenden, und ein Professor erst allmählich von unten herauf in die höheren Stellen aufstieg. Häufig erfolgte die Ernennung zu außerordentlichen wie zu ordentlichen Professuren zunächst ohne Gehalt. Ein Professor kam dann erst nach Jahre oder Jahrzehnte langem Warten in den Besitz eines besoldeten Lehramtes. Aber niemand besaß ein Recht auf Aufsteigen. Besonders die viel erstrebten ersten Professuren wurden oft durch Berufungen von außerhalb besetzt.

Dabei erhielt sich auch das aus dem Mittelalter überkommene Aufsteigen aus der philosophischen in die oberen Fakultäten fort. Vielfach begann daher ein Dozent als außerordentlicher Professor in der philosophischen Fakultät, wurde dann in dieser ordentlicher und später in einer der oberen Fakultäten wieder außerordentlicher Professor. Das bot gleichzeitig Gelegenheit, einzelne hoch besoldete Professuren zu schaffen durch Verbindung einer solchen in der philosophischen und einer in den oberen Fakultäten.

Das Diensteinkommen wurde aus der eigenen Ausstattung der Universität gezahlt. Bei den älteren Universitäten mit ihrer vorwiegenden Naturalwirtschaft spielten dabei Naturalien wie Dienstwohnung, Holz, Deputatkorn, eine große Rolle. Freilich gaben gerade die Naturalien, die man neuen Ankömmlingen gern vorzuenthalten suchte, den Anlaß zu beständigen Zänkereien der Professoren unter einander. Ein verhältnismäßig geringer Teil der Besoldungen der Zuschüsse zu solchen wurde aus der Staatskasse gezahlt. Praktisch war dies insofern von Bedeutung, als den Hinterbliebenen eines verstorbenen Professors die Dienstbezüge als Gnadengehalt aus der Universitätskasse ein Jahr, aus der Staatskasse aber nur ein Vierteljahr nach dem Tode fortgezahlt wurden.

Im übrigen bestand eine staatliche Fürsorge für die Hinterbliebenen der Professoren nicht. Erst seit Mitte des Jahrhunderts wurden aus der eigenen Initiative der Professoren an den einzelnen Universitäten Witwenkassen auf der Grundlage privatrechtlicher Versicherung begründet. Und 1776 wurde in Halle wenigstens für die ordentlichen Professoren und die Universitätsbeamten der Beitrittszwang eingeführt.

Die Entlassung aus dem preußischen Staatsdienste war sehr schwer, für tüchtige Professoren gar nicht zu erlangen. Nur gänzlich unfähige Professoren lobte man mit einem glänzenden Zeugnisse weg. Heimliche Desertionen der Professoren, die nach auswärts zu einer besseren Stelle berufen waren, sind daher gerade keine Seltenheit. Erst nach dem Tode des großen Königs sah sich die herrschende

Klasse, das berufsmäßige Beamtentum, in der Lage, nach dieser Richtung seine Stellung rechtlich zu sichern. Die Bestimmung des A. L.-R. II, 10 § 95, daß die Entlassung eines Beamten nur bei erheblichen Nachteilen für das gemeine Beste verweigert werden dürfe, kam auch den Professoren zu Gute. Es entwickelte sich jetzt geradezu die Unsitte, unter dem Vorwande auswärtiger Berufungen, die man gar nicht anzunehmen gedachte, Gehaltserhöhungen zu erpressen. Das Ministerium half sich schließlich dadurch, jedes Entlassungsgesuch ohne weiteres zu gewähren.

Versetzungen von einer preußischen Universität an die andere mußten sich die Professoren ohne weiteres gefallen lassen.

Andererseits war der Professor ebenso wenig wie ein anderer Beamter in Stellung und Gehalt irgendwie geschützt.

Willkürliche Entlassungen von Professoren, die Anstoß erregt hatten, oder die man für unfähig hielt, waren nicht selten. Die bekanntesten Fälle sind die Entlassung von Chr. Wolff in Halle 1723 und von J. J. Moser in Frankfurt a. O. 1739.

Gehaltsherabsetzungen kamen sowohl wegen vermeintlich zu geringer Leistungen wie wegen zu hohen Einkommens eines Professors vor. Unfähige wie hervorragende Professoren befanden sich also in gleicher Weise in Gefahr, Eingriffen in ihr Gehalt zu unterliegen.

Auch hier hat sich das Beamtentum erst nach dem Tode des großen Königs in seiner Stellung gegen Willkür gesichert. Die Bestimmung des A. L.-R. II, 10 § 99, daß ein Beamter gegen seinen Willen nur nach Anhörung und durch Beschluß des Staatsrates entlassen werden könne, bezog sich auch auf die Professoren. Damit war gleichzeitig die Grundlage für ein geordnetes Disziplinarverfahren gegeben. Ebenso sind willkürliche Gehaltsentziehungen unter Friedrich Wilhelm II. und III. nicht mehr vorgekommen.

Das Schwergewicht der Vorlesungen war allmählich immer mehr von den öffentlichen in die privaten verlegt. Noch war allerdings ein Professor verpflichtet, in der Regel täglich eine Stunde zu lesen, wofür ihm die Universität das öffentliche Auditorium zur Verfügung stellte. Aber immer von neuem wird es den Professoren jetzt auch zur Pflicht gemacht, Privatvorlesungen zu halten. Diese galten also bereits als ein Teil der amtlichen Verpflichtung. Schon tauchen auch Vielleser auf, die täglich 7—11 Stunden Kolleg hielten. War aber das Privatkolleg nicht mehr privater Nebenerwerb, sondern ein Teil der amtlichen Thätigkeit des Professors, so konnte die Honorarbestimmung nicht mehr im freien Ermessen des Lehrers liegen. Bereits greifen staatliche Anordnungen in das Honorarwesen, namentlich Zahlungsmodus, Stundung und Erlaß, ein.

Die Teilnahme an der Universitäts- und Fakultätsverwaltung hat sich nunmehr durch festes Gewohnheitsrecht auf die ordentlichen Professoren eingeschränkt. Die Ausnahme bei der theologischen Fakultät zu Königsberg, wo auch die außerordentlichen Professoren noch Fakultätsmitglieder waren, bleibt seit 1716 nur mit der Maßgabe bestehen, daß allein dem ältesten außerordentlichen Professor noch dieses Recht zugestanden wird. Die Verschiedenheit in der Stellung des ordentlichen und des außerordentlichen Professors besteht jetzt geradezu darin, daß, während beide im Gegensatze zum Privatdozenten Beamte sind, nur die ordentlichen Professoren als Träger der genossenschaftlichen Selbstverwaltung der Universität erscheinen. Schon zeigen sich aber auch vereinzelte Ansätze, jüngere ordentliche Professoren um der Sporteln willen vom Dekanate auszuschließen. Ein neu eintretender Professor sollte das erste Mal, wenn ihn die Reihe traf, übersprungen werden. Wenn ferner die Zahl der ordentlichen Professoren über das ursprüngliche Maß vermehrt wurde, so nahmen die ältesten Professoren die Dekanatsfähigkeit für sich allein in Anspruch und schlossen die Inhaber der später hinzu gekommenen Stellen aus. Zum Teil wurden diese Versuche vom Ministerium bereits als Observanz anerkannt, andrerseits aber auch als Mißbrauch zurückgewiesen.

§ 4. Wandlungen im 19. Jahrhundert.

Die große politische Umwälzung, welche den Wendepunkt des Jahrhunderts bezeichnet, hat auch den Universitäten zum Vorteil gereicht. Eine Reihe alter und lebensunfähiger Universitäten verschwindet, dagegen entstehen einzelne neue große Stiftungen, für Preußen in erster Linie Berlin (1810), dann Bonn (1818), während die alte Viadrina, von Frankfurt a. O. nach Breslau verlegt (1811), dort auch zu einer neuen Gründung wurde. Mit dem alten Reiche war der letzte universale Zusammenhang der Universitäten untereinander verschwunden, die neuen Stiftungen waren reine Staatsanstalten ohne Privilegien von Papst und Kaiser. Damit war aber der geistige Zusammenhang der einzelnen Universitäten untereinander und ihre wechselseitige Anerkennung nicht aufgehoben. Im

Gegenteile bildeten die Universitäten mit ihren hin- und herwogenden Lehrern und Studenten einen der ersten und hervorragendsten Träger deutscher Einheit ohne Rücksicht auf die verschiedenen Staatsgrenzen.

Hatten die mittelalterlichen Universitäten bis weit über das Reformationszeitalter hinaus die Aufgabe gehabt, nicht Träger wissenschaftlicher Forschung zu sein, sondern den überkommenen Wissensstoff weiter zu überliefern, so war dieser Gedanke, obgleich formell festgehalten, doch thatsächlich seit der Begründung der Universität Halle schon nicht mehr durchführbar gewesen. Die Reihe von bedeutenden Gelehrten, welche man dort an einer Stelle vereint hatte, ließ sich nicht auf die bloße Fortpflanzung überkommenen Wissens beschränken, sondern verband Wissenschaft und Lehre. Dieser Geist war aber nun Gemeingut aller deutschen Universitäten geworden. Sie sind damit die Träger einheitlicher deutscher Wissenschaft, welche ganz von selbst sich jeder tief greifenden Einwirkung der Staatsgewalt entzieht.

Ohne wesentliche Veränderung der Rechtsformen ist so im Anfange des Jahrhunderts die deutsche Universität der Gegenwart zur Entstehung gelangt, in ununterbrochener Rechtskontinuität mit der Universität des Mittelalters verbunden und doch eine andere, Staatsanstalt und doch in ihrem inneren Leben jeder staatlichen Leitung entwachsen, Stiftung des Einzelstaates und Vertreterin des Einheitsgedankens, Trägerin von Wissenschaft und Lehre in untrennbarer Verbindung.

Bei dem Übergange der deutschen Staaten zum konstitutionellen Systeme wird in den Verfassungsurkunden, so in Art. 20 der preußischen, die Freiheit der Wissenschaft und ihrer Lehre vielfach ausdrücklich verbürgt, aber etwas wesentlich neues war damit nicht gegeben. In der Stellung der deutschen Universitäten ist der Wandel des öffentlichen Rechtes um so mehr bedeutungslos geblieben, als die Rechtsverhältnisse nur zum Teil einer gesetzlichen Regelung unterworfen wurden, und im übrigen die Verwaltungspraxis oder Verordnungen und Regulative maßgebend waren.

Von dem Lehrpersonal bildet das Privatdozentum die unmittelbare Fortsetzung der lesenden Doktoren des Mittelalters, welche als vollberechtigte Mitglieder der gelehrten Genossenschaft kraft Aufnahme in diese durch die Promotion, aber ohne amtliche Verpflichtung gegenüber der Landesobrigkeit thätig waren. Im 17. Jahrhundert hatte man sie ihrer Teilnahmerechte an Verfassung und Verwaltung der Universität beraubt und auf ein Passivbürgerrecht herabgedrückt. Aber daß der akademische Grad nicht ein bloßer Titel sei, sondern die volle Lehrbefugnis in sich trage, war doch wenigstens geltendes Recht geblieben. Nur von den auswärts promovierten Doktoren forderte man, daß sie sich besonders aufnehmen ließen, wobei regelmäßig eine besondere Prüfung nicht stattfand. Auf diesem Standpunkt befand sich z. B. noch der erste Entwurf der Berliner Statuten. Angesichts der auf Eigennutz beruhenden Verschleuderung des Doktortitels war dieser Zustand aber nicht länger haltbar. Die Anforderungen bei den Promotionen waren derart herabgesetzt, daß eine Fakultät sich schließlich nicht einmal mehr ihre eigenen Doktoren als Privatdozenten gefallen lassen konnte. Damit ergab sich die Notwendigkeit einer besonderen Prüfung aller derjenigen, welche eine Lehrthätigkeit als Privatdozent ausüben wollten. Der Doktorgrad bildet eine Voraussetzung dafür, gewährt aber an sich die Berechtigung nicht mehr.

Das Privatdozententum der Gegenwart ist damit zum Abschlusse gelangt. Auf doppelter genossenschaftlichen Zulassung, auf Promotion und Habilitation beruhend, und seinen Mitgliedern, obwohl sie an einer staatlichen Lehranstalt thätig sind, nicht den Charakter der Staatsbeamten gewährend, bildet es das genossenschaftliche Element der Lehrverfassung. Aber das überwiegende Schwergewicht des Universitätsunterrichtes ruht nicht auf ihnen, sondern auf den beamteten Lehrern. In der Lehrverfassung ist ihnen nur eine untergeordnete ergänzende Stellung zugewiesen. Der Fortbestand des Institutes sichert aber dem Staate ein regelmäßig ausreichendes Material zur Ergänzung der beamteten Lehrer.

Die Unterscheidung der beamteten Lehrer in ordentliche und außerordentliche Professoren hat, da die letzteren ein Warterecht auf die Ordinariate nicht mehr besitzen, nur noch Bedeutung für die Universitätsverfassung, die ordentlichen Professoren sind allein Träger der genossenschaftlichen Selbstverwaltung. Dagegen ist das Dienstverhältnis beider gegenüber dem Staate das gleiche.

Dieses Dienstverhältnis selbst wird, vorbehaltlich einiger Sondervorschriften über Versetzung und Pensionierung, durch das allgemeine Beamtenrecht bestimmt, wie es für Preußen durch das A. L.-R. II, 10 und daneben nach dem Uebergange zum konstitutionellen Systeme durch das Disziplinargesetz vom 21. Juli 1852 geregelt war. Die Professoren erscheinen hiernach, unbeschadet der Beteiligung der ordentlichen an der genossenschaftlichen Selbstverwaltung, durchweg als unmittelbare Staatsbeamte.

Diesem Charakter ihres Dienstverhältnisses entspricht es, daß es nur zwischen der Staatsgewalt und dem Professor begründet wird. Die nach der Reformation entstandene Beteiligung der Universität als solcher bei der Ernennung ist wenigstens in Preußen nach den neueren Statuten allgemein verschwunden und dauert nur noch bei einigen außerpreußischen Universitäten wie Jena und Rostock in den letzten Ausläufern fort. Bestehen geblieben ist dagegen die auch in den neueren Statuten anerkannte Befugnis der Fakultäten, für die neue Besetzung erledigter ordentlichen Professuren Vorschläge zu machen, was die Verwaltungspraxis auch auf die Ernennung der außerordentlichen Professoren ausdehnt. Aber der Verkehr zwischen Fakultät und Ministerium vollzieht sich in dieser Beziehung unmittelbar, das Mittelglied der Universität ist fortgefallen.

Trotz des Charakters des Staatsamtes waren die ordentlichen Professuren nicht ausnahmslos und die außerordentlichen zum großen Teile nicht besoldet. Das Besoldungssystem entbehrte des einheitlichen Charakters, die Besoldung des einzelnen hing von ganz besonderen Vereinbarungen oder zufälligen Umständen ab. Ein regelmäßiges Aufsteigen in den Stellen war nicht gesichert, das von der philosophischen zu den oberen Fakultäten hörte, nachdem erstere eine selbstständige wissenschaftliche Bedeutung gewonnen hatte, und mit der zunehmenden Spezialisierung der einzelnen Wissenszweige von selbst auf. Hier hat erst gegen Ende des Jahrhunderts die Einführung der Dienstalterszulagen Wandel geschafft. Die Zahlung sämmtlicher Besoldungen, mag sie aus dem eigenen Vermögen der Universität oder aus den sich stetig steigernden staatlichen Zuschüssen erfolgen, geschieht aber wie für alle unmittelbaren Staatsbeamten nach Maßgabe der staatlichen Etats.

Im Übrigen gestaltet sich die rechtliche Stellung der Professoren nach den allgemeinen Normen des Beamtenrechtes. Der eigentümlichen Verfassung der Universitäten trägt man nur insofern fortdauernd Rechnung, als außerhalb des Disciplinarverfahrens die unfreiwillige Versetzung eines Professors von einer Universität an die andere wie die Pensionierung ausgeschlossen bleibt.

Für Privatdozenten wie Professoren gleichmäßig hat sich die Gewährung des Entgeltes ihrer Thätigkeit ganz oder teilweise in der Form des Honorars für ihre Vorlesungen erhalten. War es von

Hause aus die mangelhafte Besoldung der beamteten Lehrer, wodurch der Staat gezwungen wurde, die Professoren gleich den Privatdozenten auf den Weg der Privatvorlesungen zu verweisen, so bedingte die Fortdauer dieses Zustandes, zum Teil der Mangel jeder Besoldung für die Professoren auch die Erhaltung der Privatvorlesungen, neben denen die öffentlichen und unentgeltlichen immer mehr in den Hintergrund traten. Nebenbei erwies sich das ursprüngliche Verlegenheitsmittel als starker Ansporn für die Thätigkeit jedes einzelnen und trug seinerseits wesentlich zur Blüte der deutschen Universitäten bei.

Die alten Universitäten sind aber nicht die einzigen obersten Bildungsstätten geblieben. Schon im 18. Jahrhundert entstanden Hochschulen der verschiedensten Art zur Pflege einzelner exakten Wissenszweige, wie technische Lehranstalten, Bergschulen, Forst-, Bau- und Gewerbeakademien, tierärztliche und landwirtschaftliche Schulen, Kunst- und Kriegsakademien[1]). Von besonderer Bedeutung sind unter ihnen die Technischen Hochschulen geworden, deren Preußen zur Zeit drei besitzt, zu Hannover (1831), Aachen (1865) und die aus der Bau- und Gewerbeakademie zu Berlin gebildete Technische Hochschule zu Charlottenburg (1882).

Die Verfassung der Technischen Hochschulen nähert sich immer mehr derjenigen der Universitäten mit ihrer genossenschaftlichen Selbstverwaltung an. Doch ließ man die aus dem Mittelalter überkommenen, nur aus der geschichtlichen Entwicklung verständlichen Eigentümlichkeiten der Universitätsverfassung entsprechend dem modernen Charakter der Anstalten fort. Insbesondere bei der Entwicklung des Lehrpersonals ist der Anschluß an die Universitätsverfassung offensichtlich.

Ein Privatdozententum als unterste Stufe ohne amtlichen Charakter der Mitglieder ist auch hier vorhanden. Von einem akademischen Grade konnte man allerdings hier die Aufnahme nicht abhängig machen, da die Technischen Hochschulen bis in die neueste Zeit überhaupt keine Grade verleihen konnten. Es blieb nur die einfache Aufnahme durch die Abteilung, in der jemand lehren wollte, übrig. Auch hier bietet das Privatdozentum wesentlich den Vorteil, dem Staate das Material zu stellen, aus dem er die beamteten Lehrer auswählen kann.

---

[1]) Vgl. Paulsen, Geschichte des gelehrten Unterrichts, 2. Aufl., Leipzig 1896/97, Bd. 2, S. 569f.

Die Stellung der Professoren als Staatsbeamte wurde gleichfalls nach dem Vorbilde der Universitäten geregelt. An die Stelle der Unterscheidung von ordentlichen und außerordentlichen Professoren trat jedoch die von etatsmäßigen und außeretatsmäßigen Lehrern. In dem Umfange der Erhebung des Kollegienhonorars und der Teilnahme an der Selbstverwaltung der Hochschule ergaben dann die praktischen Bedürfnisse einige weitere später zu erörternde Abänderungen.

Kap. I. Die Universitätsprofessoren.

§ 5. Die Rechtsquellen[1]).

Die Universitätsprofessoren sind unmittelbare Staatsbeamte. Daraus folgt, daß grundsätzlich diejenigen Rechtsnormen, die für das Dienstverhältnis der Beamten überhaupt maßgebend sind, auch die Stellung der Universitätsprofessoren regeln.

Für das preußische Beamtenrecht bildet auch jetzt noch das grundlegende Gesetz die Kodifikation des Allgemeinen Landrechts Teil II, Titel 10, in der sich die Verwaltungspraxis des 18. Jahrhunderts nach ihrer letzten, den Beamten günstigeren Richtung wiederspiegelt. Schon in den ersten Jahrzehnten des 19. Jahrhunderts wurde die landrechtliche Kodifikation des Beamtenrechtes durch mannigfache Sonderbestimmungen durchbrochen, doch blieben die Grundlagen erhalten. Nach der Wiederherstellung des Staates wurden die meisten der in den altländischen Gebieten geltenden Bestimmungen auch auf die neu und wieder erworbenen Landesteile übertragen, selbst wenn in ihnen sonst das Landrecht nicht zur Einführung gelangt war[2]).

Die Verfassungsurkunde Art. 87, 90 traf nur einzelne Anordnungen über die Rechtsverhältnisse der richterlichen Beamten und stellte in Art. 98 eine gesetzliche Regelung der Rechtsverhältnisse der nicht richterlichen Beamten in Aussicht, wodurch unter Vermeidung einer zweckwidrigen Beschränkung der Regierung in der Wahl der ausführenden Organe den Staatsbeamten gegen willkürliche Entziehung von Amt und Einkommen angemessener Schutz gewährt werden sollte. Ein solches umfassendes Beamtengesetz ist jedoch nicht ergangen. Nur einzelne

---

[1]) Vgl. Bornhak, Preuß. Staatsrecht Bd. 2, S. 1 ff. und die dort angegebene Literatur.

[2]) Kabinettsordrers vom 6. März und 5. November 1821 — G. S. 1821, S. 30, 156 —.

Teile des Beamtenrechtes wurden durch neue Gesetze geregelt, so insbesondere durch das Gesetz vom 21. Juli 1852 betreffend die Dienstvergehen der nicht richterlichen Beamten und die Versetzung derselben auf eine andere Stelle oder in den Ruhestand [1]). Dieses Gesetz findet auch auf die Universitätsprofessoren Anwendung, soweit es nicht selbst hinsichtlich ihrer Ausnahmen macht.

Die Kodifikation des Beamtenrechtes, wie sie im A.-L.-R. II, 10 und den Abänderungs- und Ergänzungsbestimmungen enthalten ist, wurde demnächst auf die neuen Provinzen übertragen durch die Verordnung vom 23. September 1867 [2]), so daß gegenwärtig, abgesehen von einigen unbedeutenden Abweichungen ein für das ganze Staatsgebiet einheitliches Beamtenrecht gilt.

Neben diesen gesetzlichen Bestimmungen kommen aber als Sonderrecht die Universitäts- und Fakultätsstatuten in Betracht.

In das Gebiet der Gesetzgebung fällt nach preußischem Staatsrechte nicht der Erlaß aller Rechtsnormen, sondern nur der ihr durch die Verfassungsurkunde oder andere Gesetze besonders überwiesenen. Art. 26 der Verfassungsurkunde verheißt nun zwar ein allgemeines Unterrichtsgesetz, mit dessen Erlasse das ganze Unterrichtswesen zu den der Gesetzgebung vorbehaltenen Gegenständen gehören, und der fernere Erlaß von Rechtsnormen auf diesem Gebiete nur durch Gesetz oder auf Grund besonderer gesetzlichen Ermächtigung zulässig sein würde. Nach Art. 112 der Verfassungsurkunde hat es aber bis zum Erlasse des allgemeinen Unterrichtsgesetzes hinsichtlich des Schul- und Unterrichtswesens bei den geltenden gesetzlichen Bestimmungen sein Bewenden. Die geltenden gesetzlichen Bestimmungen ergeben aber namentlich, da hierüber in der Verfassungsurkunde eine allgemeine Norm fehlt, die Grenzlinie zwischen dem Gebiete der Gesetzgebung gebung zu dem der Regierung und Verwaltung. Soweit daher die Gesetzgebung das Gebiet nicht in Anspruch genommen hat, können für die Universitäten Rechtsnormen auf anderem Wege als auf dem des Gesetzes ergehen.

Die Rechtsquellen der ältesten Universitäten hatten nun einen doppelten Charakter, sie waren Privilegium und Statut. Ersteres ist Erlaß der Obrigkeit und regelt die Rechtsstellung der Universität und ihrer Angehörigen nach außen, letzteres ist autonome Satzung

[1]) G. S. 1852, S. 465 ff.
[2]) G. S. 1867, S. 1619.

der Genossenschaft und hat es wesentlich mit der Verfassung zu thun. Bei den deutschen Universitäten als Stiftungen der Landesobrigkeit bedurften aber die Universitätsstatuten stets der Genehmigung des Landesherrn, für die Fakultätsstatuten begnügte man sich bisweilen mit der des Senates. Dieses Bestätigungsrecht bot aber wie bei anderen Korporationen der absoluten Monarchie die Handhabe, das genossenschaftliche Recht überhaupt aufzusaugen. Schon bei Bestätigung der Halleschen Statuten von 1694 kommt der Gedanke zum Ausdrucke, daß der Rechtsgrund der Geltung in der landesherrlichen Bestätigung liegt. Damit ist aber jedes gesicherte Recht auf Mitwirkung der Genossenschaft bei Erlaß ihrer Statuten verloren gegangen.

Da die Universitäten eine neue gesetzlich geregelte Selbstverwaltung nicht erhalten haben, ist für ihre Korporationsverfassung noch heute die Verwaltungspraxis des 18. Jahrhunderts maßgebend. Das gilt auch von den Statuten.

Das 19. Jahrhundert ist außerordentlich reich an neuen Statuten sowohl für die preußischen Universitäten selbst wie für die einzelnen Fakultäten. Die Stiftung der Universitäten Berlin, Breslau und Bonn im Anfange des Jahrhunderts und die Notwendigkeit, gänzlich veraltete Statuten durch neue zu ersetzen, boten in gleicher Weise Veranlassung zu einer zeitgemäßen Regelung des Universitätswesens. Beim Erlasse aller Statuten vom Anfange des Jahrhunderts bis in die neueste Zeit läßt sich aber eine gleichmäßige Praxis beobachten. Dabei ist zu unterscheiden zwischen den Universitäts- und den Fakultätsstatuten.

Bei Abfassung der Universitätsstatuten, die auch für die neuen Universitäten erst geraume Zeit nach ihrer Begründung als endgiltige Verfassung der Korporation in Kraft traten, sind die Organe der Universität stets in irgend welcher Weise beteiligt gewesen. Entweder wurden, wie z. B. 1868 in Marburg, Rektor und Senat selbst zur Ausarbeitung eines neuen Entwurfs der Universitätsstatuten vom Minister aufgefordert, oder die Organe der Korporation wurden, nachdem der Entwurf im Ministerium aufgestellt oder wie im Marburger Falle im Ministerium umgearbeitet war, darüber gehört. Eine besondere rechtliche Bedeutung wird man der Abfassung des Entwurfes oder seiner Begutachtung durch Rektor und Senat schwerlich bemessen können. Denn es liegt in der Natur der Sache, daß über die Regelung eines Verwaltungszweiges das mit dieser

Verwaltung betraute Organ gehört wird, weil man ihm eine besondere Sachkunde zutrauen kann. Es sind Rektor und Senat nicht als Korporationsorgane, sondern als staatliche Behörde, die bei der Redaktion des Entwurfes beteiligt werden. Einen Rest der alten Befugnis der Korporation zur autonomen Satzung kann man in dieser Beteiligung schon um deswillen nicht sehen, weil das Ministerium in keiner Weise an die Äußerung der Universitätsorgane gebunden ist. Die Statuten haben vielfach im Ministerium noch eine ganz andere Gestalt erhalten, als in der sie der Universität vorgelegen hatten. Das gilt z. B. von den Marburger Statuten vom 28. Oktober 1885. Überdies erklärt bereits ein Reskript des Ministers vom 28. Dezember 1852 an den damaligen Kurator der Universität Halle, Pernice, daß der Universität ein Recht, über den Entwurf zu den neuen Statuten gehört zu werden, nicht zustehe.

Welches auch immer die Vorstadien bei Abfassung neuer Universitätsstatuten gewesen sein mögen, die Eingangsformel erwähnt die Mitwirkung der Universitätsorgane mit keinem Worte und entkleidet diese schon dadurch der rechtlichen Bedeutung. Es wird nur hervorgehoben, daß das neue Statut dem Könige vom Ministerium vorgelegt sei. Indem der König dieser Vorlage seine Sanktion erteilt, erläßt er einfach eine Verordnung. Über diesen staatsrechtlichen Charakter der Universitätsstatuten ist man auch nie im Zweifel gewesen. Schon ein Reskript des Ministers vom 14. November 1832 erklärte für den Erlaß der damals geplanten neuen Halleschen Universitätsstatuten, ebenso wie man bei den Universitäten Berlin, Breslau und Bonn verfahren sei, die Form der königlichen Verordnung für angemessen. Wenn diese königlichen Erlasse nach wie vor als Unisitätsstatuten bezeichnet werden, so ist dies aus der geschichtlichen Entwicklung der Universitäten erklärlich. Der Durchgang der mittelalterlichen Korporationen durch die Verwaltung der absoluten Monarchie hat eben die Universitätsstatuten in königliche Verordnungen verwandelt, die sich in der Form des Erlasses von anderen Verordnungen nicht unterscheiden.

Zu den Universitätsstatuten verhalten sich die Statuten der einzelnen Fakultäten wie Ausführungsverordnungen, deren Erlaß in den Universitätsstatuten entweder ausdrücklich oder durch eine allgemeine Klausel dem Minister übertragen ist. Der Erlaß vom 17. September 1879 ermächtigt insbesondere den Minister, die Göttinger Fakultätsstatuten, auch soweit sie von dem früheren Landesherren erlassen oder bestätigt sind, nach jedesmaliger Anhörung der betreffenden Fakultät abzuändern.

Auch bei der Abfassung der Fakultätsstatuten sind zunächst die beteiligten Fakultäten selbst die geeignetsten Organe. Sie kennen die bisherige Übung wie das praktische Bedürfnis vielfach besser als das den Verhältnissen ferner stehende Ministerium. Es bildet daher geradezu die Regel, daß man die Abfassung der Statuten zunächst den Fakultäten selbst überläßt. Bei Beauftragung einer einzelnen Person, z. B. des Kurators, mit Abfassung der Statuten werden doch die Fakultäten über den Entwurf gehört. Es konnte bisweilen die Auffassung entstehen, daß es eigentlich die Fakultät sei, welche die Statuten erlasse. So bat die philosophische Fakultät zu Berlin am 22. November 1821 das Ministerium, „die vorgelegten Statuten baldigst zu bestätigen". Irgend welchen rechtlichen Halt hatte aber diese Auffassung nicht. Denn der Minister hat sich niemals an die Vorschläge der Fakultät gebunden erachtet. Ihre Arbeiten waren ein rechtlich irrelevantes Vorbereitungsstadium. Der Minister genehmigt nicht, sondern er „bestimmt", wie auf einen Statutenänderungsantrag der philosophischen Fakultät zu Berlin vom 7. April 1875 ausdrücklich in den Akten verbessert wurde. Diese Rechtsauffassung ist aber keineswegs neueren Ursprungs. Schon am 22. Juni 1822 erklärte der Minister in einem Erlasse, er beabsichtige, die Statuten der medizinischen Fakultät zu Halle einer Revision zu unterwerfen. In gleicher Auffassung überreichte die theologische Fakultät zu Halle dem Ministerium am 25. Dezember 1823 einen „unvorgreiflichen Entwurf" für Abänderung ihrer Statuten.

Da die von den Fakultäten selbst ausgearbeiteten oder begutachteten Entwürfe zu statutarischen Bestimmungen in der That nach feststehender Verwaltungspraxis nichts anderes sind als unmaßgebliche Vorschäge einer dem Minister untergeordneten Behörde, so ist es allein der Minister, der die Statuten nicht etwa genehmigt, sondern erläßt. Seine Befugnis hierzu gründet sich aber auf das Universitätsstatut als königliche Verordnung, welche den Minister mit den weiteren Ausführungsmaßregeln beauftragt. Es liegt hier einfach das gewöhnliche Verhältnis der monarchischen Regierung zu der Verwaltung des Ministeriums vor: Die königliche Verordnung giebt die allgemeinen Grundzüge und überläßt die weiteren Einzelvorschriften der Verwaltung. Die Verordnung, auf die sich die Ermächtigung des Ministeriums stützt, erwähnt aber in der Regel mit keinem Worte eine Mitwirkung der Fakultäten beim Erlasse der Statuten als notwendig. Soweit hiernach der Minister zum Erlasse der Fakultätsstatuten überhaupt berechtigt ist, erscheint seine Befugnis als aus der Verordnung abgeleitet und deshalb von der Beteiligung der Fakultäten in jeder Form unabhängig. Wenn die ministeriellen Regulative zur Ausführung der königlichen Verordnung in diesem Falle als Statuten der einzelnen Fakultäten bezeichnet werden, so erscheint die staatsrechtliche Natur der Anordnung durch die Beibehaltung des geschichtlich überkommenen Namens in keiner Weise berührt.

Nun haben sich allerdings an einzelnen Universitäten Zustände herausgestellt, welche den Glauben erwecken können, und zum Teil sogar erweckt haben, die einzelnen Fakultäten befänden sich im Besitze autonom erlassener, sog. paktierten Statuten, für die es nicht einmal höherer Genehmigung bedurft habe. Dieser Zustand entstand da, wo die früheren Statuten veraltet waren, aber neue infolge mannigfacher Meinungsverschiedenheiten nicht zu stande kamen. So war in Halle die Revision der veralteten Universitätsstatuten von 1694 schon seit 1822 im Gange. Nach mannigfachen Vorarbeiten wurden von dem damaligen Kurator Pernice in den fünfziger Jahren neue Fakultätsstatuten ausgearbeitet und den einzelnen Fakultäten vorgelegt. Die Angelegenheit blieb dann aber liegen. Die juristische Fakultät erklärte daher in einem Berichte vom 20. Dezember 1864, sie verfahre nach Observanz, wie solche in den Entwürfen von 1856 niedergelegt sei. Ähnlich hatte sich in Greifswald der Erlaß neuer Statuten übermäßig lange verzögert. Die formell giltigen alten Statuten waren nicht mehr praktisch anwendbar, die neuen Entwürfe aber nicht in Kraft gesetzt. Das Ergebnis war dasselbe wie in Halle. Der Universitätskurator berichtete am 20. Januar 1873 an den Minister, die Mitglieder der Fakultäten hätten sich über die einstweilige Beobachtung der in den Statutenentwürfen enthaltenen Bestimmungen geeinigt. In der That handelt es sich in diesen Fällen gar nicht um den Erlaß neuer Statuten, sondern um ein vorläufiges Auskunftsmittel. Aber es konnte der Anschein entstehen, als seien die Statuten autonome Satzungen der Fakultäten.

Die Universitätsstatuten sind königliche Verordnungen, die Fakultätsstatuten ministerielle Regulative zur Ausführung jener. Diese Thatsache ist für die rechtliche Stellung der Universitätsprofessoren von einschneidender Bedeutung. Ihre Rechtsverhältnisse beruhen in erster Linie auf den für die Staatsbeamten überhaupt maßgebenden gesetzlichen Bestimmungen, demnächst auf königlichen Verordnungen und ministeriellen Regulativen.

§ 6. Die Bestellung der Professoren. a) Statutarrecht und Verwaltungspraxis.

Im Anfange des 19. Jahrhunderts war an den preußischen Universitäten das alte Selbstergänzungsrecht, welches im 16. Jahrhundert entstanden war, wieder verschwunden.

Selbst die nach dem Typus der Universität Halle bestehende Befugnis der Fakultäten, bei Erledigung einer ordentlichen Professur sich über die Wiederbesetzung gutachtlich zu äußern, lag augenscheinlich im Absterben. In Königsberg waren Fakultätsvorschläge zum Teil überhaupt nicht mehr in Übung, da die dortigen Fakultäten bei der weiten Entfernung und den schlechten Verkehrsverhältnissen über ihre auswärtigen Fachgenossen nicht ausreichend unterrichtet waren. In Breslau machten 1818 gelegentlich der Ernennung des Professors v. Cölln zum Mitgliede der theologischen Fakultät ohne Befragung der akademischen Organe Rektor und Senat vergeblich Anstrengungen, vom Ministerium das ausdrückliche Zugeständnis zu erlangen, daß bei Erledigung einer Stelle die Fakultät über die Wiederbesetzung gehört werden müsse. Dagegen wurde den Kuratoren in ihren Instruktionen, so für Breslau vom 12. April 1816, für Bonn vom 8. Juli 1819, für Halle vom 21. November 1819 zur Pflicht gemacht, die Erledigung von Lehrer- und Beamtenstellen dem Ministerium anzuzeigen, wobei es sowohl dem Kurator wie dem Senate und den einzelnen Fakultäten freistehen sollte, wegen Wiederbesetzung der Lehrerstellen unaufgefordert Vorschläge zu machen.

Nach dem Vorgange der neu begründeten Universitäten Berlin, Bonn und Breslau haben nun im Laufe dieses Jahrhunderts fast sämtliche Universitäten neue Universitäts- und Fakultätsstatuten erhalten. Damit sind auch im wesentlichen übereinstimmende Vorschriften des Statutarrechtes über die Gestaltung des sogenannten Vorschlagsrechtes herbeigeführt worden, so daß sich aus den Statuten ein gewissermaßen gemeinrechtlicher Durchschnittszustand entwickeln läßt.

Die Universitätsstatuten, so für Berlin vom 31. Oktober 1816, für Bonn vom 1. September 1827, für Breslau vom 21. Februar

1816, für Halle vom 30. April 1854, für Königsberg vom 4. Mai 1843, für Marburg vom 28. Oktober 1885 legen nun allgemein den Fakultäten die aus der mittelalterlichen Lehrverfassung überkommenen Verpflichtung auf, für die Vollständigkeit des Unterrichtes in ihrem Gebiete zu sorgen. Daraus ergiebt sich die Befugnis, falls sie sich für zu schwach hält, um dieser Verpflichtung genügen zu können, dem Ministerium begründete Vorschläge zu machen und sich für den betreffenden Gegenstand außer Verantwortlichkeit zu erklären. Entsprechende Bestimmungen enthalten auch die Greifswalder Universitätsstatuten vom 10. November 1865, jedoch verbunden mit weiter gehenden Vorschriften über das Vorschlagsrecht der Fakultäten, auf die nachher besonders zurückzukommen sein wird. Die auf den Universitätsstatuten beruhende Verpflichtung der Fakultäten, für die Vollständigkeit des Unterrichts auf ihrem Gebiete zu sorgen, ergiebt jedenfalls nur die Befugnis, die Errichtung neuer Lehrstühle zu beantragen, nicht aber, wegen Besetzung dieser oder erledigter Lehrstühle Vorschläge zu machen.

Das eigentliche Vorschlagsrecht gründet sich in der Regel auf die Fakultätsstatuten.

In Berlin ist nach den Statuten der einzelnen Fakultäten vom 29. Januar 1838, in Bonn nach denen der beiden theologischen, der juristischen und medizinischen Fakultät vom 18. Oktober 1834 der Fakultät bei Erledigung einer ordentlichen Professur gestattet, dem Ministerium drei geeignete Männer zur Wiederbesetzung der Stelle vorzuschlagen. Das statutarische Vorschlagsrecht bezieht sich hier zweifellos weder auf neu errichtete ordentliche noch auf außerordentliche Professuren.

Die Statuten der evangelisch-theologischen wie der medizinischen Fakultät zu Breslau vom 13. September 1840 wie die Königsberger Statuten aller Fakultäten von 1854 enthalten dieselben Bestimmungen mit zwei Abweichungen. Einmal ist die Zahl der vorzuschlagenden Personen nicht bestimmt. Ferner kann in Breslau die medizinische Fakultät nicht nur zur Wiederbesetzung erledigter Ordinariate, sondern auch, wenn sich das Bedürfnis einer Verstärkung der Fakultät herausstellt, geeignete Personen vorschlagen. Auf die Besetzung der Extraordinariate wird auch hier den Fakultäten statutarisch kein Einfluß eingeräumt.

Dagegen wird in Bonn nach den Statuten der philosophischen Fakultät vom 18. Oktober 1834 bei Erledigung einer Professur überhaupt der Fakultät der Vorschlag dreier Männer, in Breslau nach den Statuten der katholisch-theologischen, juristischen und philosophischen Fakultät vom 13. September 1840 bei Erledigung einer Professur wie bei Verstärkung der Fakultät dieser der Vorschlag geeigneter Personen eingeräumt. Wenn in diesen Statuten die Beschränkung der Vorschläge auf ordentliche Professoren nicht ausdrücklich ausgesprochen ist, so war sie doch augenscheinlich gewollt. Einmal entsprachen Vorschläge der Fakultäten für Besetzung außerordentlicher Professuren überhaupt nicht der damaligen Praxis, die sich erst später und allmählich geändert hat. Außerdem ist nicht anzunehmen, daß man in den gleichzeitig erlassenen Statuten die einzelnen Fakultäten derselben Universität ohne ersichtlichen Grund in Bezug auf ihre Befugnis zu Vorschlägen verschieden stellen wollte. Endlich ergiebt zum Teil auch der Zusammenhang der statutarischen Bestimmungen, daß sie sich nur auf ordentliche Professuren beziehen sollten. Die Frage ist aber infolge der später zu erörternden neueren Verwaltungspraxis, welche die Vorschläge auch für Extraordinariate allgemein zuläßt, gegenwärtig ohne erhebliche Bedeutung.

Zweifellos stehen unter dem Einflusse dieser neueren Verwaltungspraxis die Halleschen Statuten der theologischen Fakultät vom 24. November 1885 und der medizinischen vom 12. März 1881. Diese gewähren und zwar die ersteren unter ausdrücklicher Erwähnung der Extraordinariate der Fakultät die Befugnis, gutachtliche Vorschläge zu machen für erledigte und neu gegründete Professuren überhaupt.

Allein für die Universität Greifswald sind die Bestimmungen über das Vorschlagsrecht nicht bloß in den Fakultätsstatuten, sondern in dem Universitätsstatute vom 10. November 1865 enthalten. Jede Fakultät hat hiernach das Recht und die Pflicht, beim Abgange eines ordentlichen Professors an den Minister über das Bedürfnis zur Wiederbesetzung der Stelle zu berichten und erforderlichen Falls zwei oder drei geschickte Männer dafür gutachtlich in Vorschlag zu bringen. Diese Bestimmungen werden in den provisorischen Fakultätsstatuten zum Teil wörtlich wiederholt. Es bedarf daher keines Eingehens auf die Frage, inwiefern den provisorischen Fakultätsstatuten von Greifswald überhaupt rechtliche Bedeutung beizulegen ist[1]).

---

[1]) S. S. 26.

Das Statutarrecht der Universitäten der neuen Provinzen wie der Akademie zu Münster enthält über das Vorschlagsrecht überhaupt keine Bestimmungen.

Bei der Universität Göttingen war eine Mitwirkung der Fakultäten längst erloschen. Das Ministerium oder der Kurator setzte sich vor der Ernennung höchstens vertraulich mit einzelnen Professoren in Verbindung. In Marburg war es zur Zeit der Einverleibung, der älteren Übung entsprechend, Sitte, daß Vorschläge von den Fakultäten dem Senate und von diesem durch den Kurator dem Ministerium eingereicht wurden. In Kiel hatte sich nach dem Berichte des Kurators vom 12. November 1885 erst seit 1850, wo ein dänischer Generalstabsoffizier zum Kurator ernannt wurde, die Sitte herausgebildet, bei Erledigung von Professuren die Fakultät zu Vorschlägen aufzufordern, so daß seitdem ohne solche wenigstens keine ordentlichen Professuren mehr besetzt wurden. Unter preußischer Herrschaft hat sich jedoch an allen drei Universitäten eine dem Zustande der altländischen Universitäten entsprechende Praxis entwickelt.

Wie das Ministerium im Anfange des Jahrhunderts seine Stellung zu den Vorschlägen der Fakultäten auffaßte, zeigt am besten die Erwiderung, die es der medizinischen Fakultät zu Breslau auf deren Beschwerde wegen Nichtberücksichtigung ihrer Vorschläge zu teil werden ließ. In dem Reskripte vom 7. März 1823, das durch seinen klobigen Stil von den höflicheren Formen der Gegenwart grell absticht, heißt es: „Das Ministerium giebt der medizinischen Fakultät auf die durch den außerordentlichen Regierungsbevollmächtigten H. G. O. R. R. Neumann anher eingereichten Vorstellungen vom 14. und 28. Januar c. die Berufung des Dr. Purkinje an die dortige Universität betreffend, hierdurch zu erkennen, daß auf selbige keine Verfügung erfolgen kann. Sollte aber die medizinische Fakultät das Ministerium noch einmal mit einer ähnlichen grundlosen und unangemessenen Vorstellung behelligen, so wird dasselbe nicht umhin können, statt der Schonung, die es gegenwärtig noch beweist, sehr empfindliche Maßregeln gegen die Fakultät eintreten zu lassen." Das Reskript ist allerdings vor dem Erlasse der Breslauer Fakultätsstatuten ergangen. Nach ihrem Erlasse würde sich aber der Vorgang voraussichtlich genau ebenso abgespielt haben. Denn die Befugnis, Vorschläge zu machen, war den Breslauer Fakultäten bereits durch die Instruktion des Kurators von 1816 zugestanden worden. Ein Recht auf Berücksichtigung der Vorschläge ließ sich aber ebenso wenig aus der Instruktion des Kurators wie aus den Fakultätsstatuten, die beide im wesentlichen dasselbe über die Vorschläge besagen, herleiten.

Bei dem allgemeinen Ansturme gegen die bisherigen Machtbefugnisse der Verwaltung in den Jahren 1848/49 zeigte sich auch das Bestreben, die Rechte der Fakultäten bei der Ämterbesetzung zu erweitern und festzustellen. Im Jahre 1849 trat zur Beratung entsprechender Vorschläge eine besondere Konferenz im Ministerium zusammen. Ihre Beratungen haben zwar eine zweitere praktische Folge nicht gehabt, doch zeigen die Forderungen, die man aufstellte, jedenfalls, was man damals nicht als bereits geltendes Recht ansah. Es wurde nämlich verlangt: 1. die Fakultät müsse vor jeder Ernennung gehört werden; 2. sie solle jemanden für wissenschaftlich ungeeignet erklären und damit den Minister in der freien Wahl beschränken können; 3. ihre Vorschläge sollten sich auch auf die Besetzung der Extraordinariate erstrecken.

Die Verwaltungspraxis hat sich nun in verschiedener Weise entwickelt für die ordentlichen und die außerordentlichen Professuren.

Regelmäßig nur für die Besetzung der ordentlichen Professuren räumen die Statuten der Fakultäten die Befugnis ein, Vorschläge zu machen. Das Ministerium hat sich nun zu keiner Zeit, von der Altensteinschen Verwaltung an bis zur Gegenwart an die Vorschläge der Fakultät gebunden, noch zur vorherigen Befragung der Fakultät überhaupt für verpflichtet erachtet.

Erhebliche Schwankungen in der Praxis der einzelnen Ministerien sind dabei unverkennbar. In der älteren Zeit, unter dem Ministerium Altenstein, erschien es als die mildere Form, die Fakultät überhaupt nicht zu befragen, um so mehr, als damals ein großer Teil der Statuten, die den Fakultäten die Befugnis zu Vorschlägen gewährten, noch nicht erlassen war. So sind während der ganzen Altensteinschen Verwaltung (1817 bis 1840) von den ordentlichen Professoren der juristischen Fakultäten 34 auf Antrag, 11 ohne Befragung und 5 gegen den Antrag der Fakultät ernannt worden. Noch unter dem Ministerium Eichhorn (1840 bis 1848) ist das Verhältnis der drei Gruppen wie 8 zu 5 und 2 und unter Raumer (1850 bis 1858) 6 zu 2 und 0. Erst seit 1858 mit dem Ausscheiden des bisherigen Universitätsreferenten Johannes Schulze, der diese Stelle von 1818 an eingenommen hatte, treten die Ernennungen ohne Befragung in den Hintergrund, seit 1862 findet sich z. B. für die ordentlichen juristischen Professuren nur ein einziger Fall unter dem Ministerium Falk in Bonn. Es wird sogar üblich, falls noch andere als die Vorgeschlagenen dem Ministerium geeignet erscheinen, über jene die Fakultät noch besonders gutachtlich zu hören. Dagegen nehmen die Fälle der Nichtberücksichtigung von Anträgen erheblich zu, bilden aber immerhin nur einen ganz geringen Prozentsatz, für die juristischen Ordinariate sind es von 1862 bis 1895 nur 24 Fälle gegen 112 Besetzungen nach dem Antrage der Fakultät. Nur in einem Viertel ungefähr der Fälle, in denen die Anträge der Fakultät nicht berücksichtigt waren, erfolgte die Ernennung eines Mannes, gegen den sich die Fakultät ausdrücklich ausgesprochen hatte. Neuerdings ist es auch vorgekommen, daß das Ministerium der Fakultät drei Kandidaten vorschlug mit der Aufforderung, den ihr geeignet erscheinenden zu bezeichnen, der dann ernannt wurde.

Für Vorschläge der Fakultäten bei Besetzung außerordentlicher Professuren fehlt es, abgesehen von den aus neuerer Zeit stammenden Halleschen Statuten, die schon inzwischen durch die entstandene Praxis beeinflußt sind, an einer statutarischen Grundlage. Daraus ergiebt sich, daß man wenigstens zur Zeit der Abfassung der meisten Statuten den Fakultäten eine Befugnis, für die Ernennung außerordentlicher Professoren Vorschläge zu machen, nicht zugestehen wollte. Noch bei der Konferenz von 1849 sah man hierin einen Mangel in den bestehenden Befugnissen der Fakultäten, dem man abhelfen zu müssen glaubte.

Gleichwohl hat sich gerade für die außerordentlichen Professuren das Vorschlagsrecht am stärksten entwickelt. Der wesentliche Grund hierfür ist darin zu sehen, daß die außerordentlichen Professuren zum großen Teile keine etatsmäßigen Stellen noch überhaupt der Zahl nach fest bestimmt waren. Vielmehr wurde die Ernennung zum außerordentlichen Professor, auch ohne Erledigung einer etatsmäßigen Stelle, Privatdozenten, die sich wissenschaftlich oder als Lehrer bewährt hatten, im Falle des praktischen Bedürfnisses zu teil. Über die wissenschaftlichen Leistungen der Privatdozenten fehlte es aber dem Ministerium vielfach an Kenntnis und Urteil, so daß es ganz auf die Anträge der Fakultäten angewiesen war. So zeigt sich gerade bei der Ernennung außerordentlicher Professoren trotz der mangelnden statutarischen Grundlagen ein stetig zunehmender Einfluß der Fakultäten.

Von den Juristen, bezüglich deren die eigene Beurteilung für das Ministerium noch verhältnismäßig am leichtesten ist, wurden noch unter Altenstein 28 außerordentliche Professoren auf Antrag, 7 ohne Befragung und 11 gegen den Antrag der Fakultät ernannt. Dagegen sind bei den Juristen Ernennungen ohne Befragung unter dem Ministerium v. Mühler und dann erst wieder unter dem Ministerium Bosse je ein Fall, die Nichtberücksichtigung von Vorschlägen unter dem Ministerium Falk und die Ernennung gegen den Willen der Fakultät unter dem Ministerium v. Bethmann-Hollweg zuletzt vorgekommen. Nur bei Neubegründung etatsmäßiger Extraordinariate nimmt das Ministerium die Ernennung ohne Vorschläge in Anspruch. Im wesentlichen dieselbe Praxis hat sich bei den anderen Fakultäten entwickelt. Unter dem Ministerium v. Goßler erschien es daher 1884 bereits als ein Aufsehen erregender Ausnahmefall, daß Dr. Schweninger gegen den Willen der Fakultät zum außerordentlichen Professor der Medizin in Berlin ernannt wurde.

Über die Ernennung von Honorarprofessoren, welche verhältnismäßig sehr selten erfolgt ist, sind die Fakultäten gleichfalls in der Regel gehört worden. Im Jahre 1877 sprach sogar der Minister Dr. Falk der juristischen Fakultät zu Berlin gegenüber den Grundsatz aus, er müsse Anstand nehmen, die in den Statuten nicht vorgesehene Ernennung eines Honorarprofessors zu veranlassen, ohne sich vorher des Einverständnisses der Fakultät vergewissert zu haben. Hieran hat man allerdings später nicht mehr festgehalten.

Im ganzen sind in der Zeit von 1817 bis 1895 ernannt worden

auf Vorschlag	ohne oder gegen den Vorschlag der Fakultät
196	97 evangelisch-theologische
307	84 juristische
410	142 medizinische Professoren.

Zu denen, welche ohne oder gegen den Vorschlag der Fakultät ernannt sind, gehören von bereits verstorbenen die Theologen Twesten, Vatke, Tholuck, Nitzsch, Dorner, Grau, Mangold, Möller und Weingarten, die Juristen Gans, Homeyer, Heffter, Bethmann-Hollweg, Böcking, Huschke, Arndts, Keller, Beseler (in Greifswald wie in Berlin), Goeppert, v. Holtzendorff und O. Mejer, die Mediziner Joh. Müller, Purkinje, A. v. Gräfe, Helmholtz, Busch, Frerichs und Volkmann, die Philosophen Dirichlet, A. W. v. Schlegel und L. Ranke.

In den katholisch-theologischen Fakultäten soll ferner niemand angestellt werden ohne vorherige Rückfrage bei dem zuständigen Bischofe, der berechtigt ist, wegen erheblicher, die Lehre oder den Lebenswandel des Vorgeschlagenen betreffenden Bedenken die Anstellung abzulehnen[1]). In gleicher Weise ist bei Anstellung von Professoren der evangelischen Theologie, soweit es sich um Lehre und Bekenntnis handelt, nach der Allerhöchsten Kabinettsordre vom 5. Februar 1855 dem Evangelischen Oberkirchenrate die gutachtliche Äußerung vorbehalten.

§ 7. Die Bestellung der Professoren. b) Der Rechtszustand.

Für die rechtliche Würdigung des Vorganges der Ernennung ist der formale Charakter der Universitäts- und Fakultätsstatuten von erheblicher Bedeutung. Die Statuten sind nicht mehr Ausfluß des autonomen Satzungsrechtes der Genossenschaft und ihrer Teile, sondern staatliche Anordnungen, die Universitätsstatuten königliche Verordnungen, die Fakultätsstatuten Regulative des Ministers. Im Gegensatze zum Gesetze enthalten aber weder Verordnung noch Regulativ eine Selbstbeschränkung des Faktors der Staatsgewalt, von dem die Rechtsnorm ausgeht. Der König kann seine verfassungsmäßigen Befugnisse nicht durch eine Verordnung, das Ministerium seine durch Gesetz und Verordnung bestimmte Zuständigkeit nicht durch Regulative einschränken. Dasselbe wie von den Statuten gilt von den Anordnungen, die der Kirche eine Einwirkung auf die Besetzung der theologischen Professuren gewähren.

Nach § 7II, 13 A. L.-R. ist die Befugnis zur Verleihung von Staatsämtern, ein dem Oberhaupte des Staates gebührendes Majestätsrecht. In Übereinstimmung damit besagt Art. 47 der Verfassungsurkunde: „Der König besetzt alle Stellen im Heere, sowie in den übrigen Zweigen des Staatsdienstes, sofern nicht das Gesetz ein anderes verordnet.“ Daß zu den Staatsbeamten auch die Universitätsprofessoren gehören, ist bisher nie zweifelhaft gewesen

[1]) Vgl. Statuten der kath.-theol. Fakultät zu Bonn vom 18. Okt. 1834 § 4; der kath.-theol. Fakultät zu Breslau vom 13. Sept. 1840 §§ 47, 48, welche letztere ihrerseits wieder auf die Instruktion vom 26. Aug. 1776 und das Reglement vom 20. Juli 1800 verweisen.

und wird in § 73 II, 12 A. L.-R. und durch §§ 1, 96 des Disziplinargesetzes vom 21. Juli 1852 ausdrücklich anerkannt. Ein Gesetz, welches wegen Ernennung der Universitätsprofessoren etwas anderes bestimmt als Art. 47 der Verfassungsurkunde, besteht nicht. Die Ernennung der Professoren ist hiernach Recht des Königs.

Der König braucht aber das ihm zustehende Recht der Ämterverleihung nicht in jedem einzelnen Falle persönlich auszuüben, er kann die Ernennung auch für einzelne Beamtenarten an staatliche Behörden übertragen. Eine solche Übertragung ist insbesondere erfolgt hinsichtlich der außerordentlichen Professuren an das Ministerium des Innern, an dessen Stelle seit 1817 das Ministerium der geistlichen, Unterrichts- und Medizinalangelegenheiten getreten ist, durch die Verordnung vom 27. Oktober 1810 über die veränderte Verfassung aller obersten Staatsbehörden[1]), wodurch nur die Ernennung der ordentlichen Professoren der königlichen Genehmigung vorbehalten wird. Die Verordnung vom 27. Oktober 1810 hatte zur Zeit ihres Erlasses den Charakter der Verordnung und hat diesen auch nach Inkrafttreten der Verfassungsurkunde behalten, da die Gegenstände, welche sie regelt, nicht zu den der Gesetzgebung vorbehaltenen gehören[2]).

Eine Übertragung des königlichen Ernennungsrechtes auf die Fakultäten ohne oder mit Vorbehalt einer königlichen Bestätigung wäre an sich verfassungsmäßig nicht ausgeschlossen. Diese Delegation könnte sich, abgesehen von dem hier nicht in Frage kommenden Wege der Gesetzgebung, nur durch königliche Verordnung vollziehen. Die Bestimmungen über die Mitwirkung der Fakultäten sind nun mit dem einzigen Ausnahmefalle von Greifswald nicht in den Universitätsstatuten, die den Charakter der königlichen Verordnung haben, sondern in den Fakultätsstatuten, d. h. Regulativen des Ministers enthalten. Solche können aber selbstverständlich in keiner Weise das königliche Ernennungsrecht übertragen.

Die Verordnung vom 27. Oktober 1810 hat allerdings bezüglich der Ernennung der außerordentlichen Professoren eine Über-

---

1) G. S. 1810, S. 3 ff.

2) Anderer Ansicht v. Rönne, Preuß. Staatsrecht, 4. A., Bd. 2, S. 428, Vgl. dagegen Gneist, Gesetz und Budget, Berlin 1879, S. 43 ff.; Bornhak Preuß. Staatsrecht Bd. 1, S. 462 ff., v. Stengel, Staatsrecht des Kgr. Preußen in v. Marquardsens Handbuch S. 91.

tragung vorgenommen, aber nicht an die Fakultäten, sondern an das Ministerium. Diese ihm durch den König zugewiesene Zuständigkeit kann das Ministerium nicht durch Regulativ auf andere Organe übertragen. Soweit die Fakultätsstatuten eine Mitwirkung der Fakultäten bei Ernennung außerordentlicher Professoren überhaupt erwähnen, darf hiernach durch eine solche Mitwirkung die ausschließliche Ernennung durch das Ministerium in keiner Weise beschränkt werden.

Nach Erlaß des A. L.-R., der Verordnung vom 27. Oktober 1810 und der Verfassungsurkunde hat sich ferner, entsprechend den allgemeinen Grundsätzen des preußischen Rechtes über das Gewohnheitsrecht, ein derogatorisches Gewohnheitsrecht, das anderweite Bestimmungen über die Besetzung der Professuren träfe, nicht bilden können und, soweit man das gesetzliche Verbot derogatorischen Gewohnheitsrechtes für unzulässig hält, jedenfalls nicht gebildet.

Aus dem formalen Charakter der in Betracht kommenden Rechtsquellen ergiebt sich hiernach, welches auch der Inhalt der Universitäts- und Fakultätsstatuten sein, und wie auch immer die Verwaltungspraxis sich entwickelt haben mag, mit zwingender Notwendigkeit die Schlußfolgerung: Die Ernennung der ordentlichen Professoren erfolgt ausschließlich durch den König oder mit dessen Genehmigung, die Ernennung der außerordentlichen Professoren ausschließlich durch den Minister, in beiden Fällen unter ausschließlicher Verantwortlichkeit des Ministers.

Nur in dem Falle der Universität Greifswald erscheint diese auf den formalen Charakter der Rechtsquellen beschränkte Schlußfolgerung unzureichend. Da die Bestimmungen über Mitwirkung der Fakultäten hier in dem Universitätsstatute enthalten sind, könnten sie allerdings ganz oder teilweise eine Übertragung der Ausübung des königlichen Ernennungsrechtes enthalten. Allein von vorn herein ist nicht anzunehmen, daß man an einer einzigen Universität, ohne daß ein Grund dafür erkennbar wäre, einen anderen Rechtszustand als den für die anderen Universitäten herrschenden habe herbeiführen wollen. Überdies wird der später zu würdigende Inhalt des Statutarrechtes bestätigen, daß auch durch die Greifswalder Universitätsstatuten, deren Bestimmungen sich übrigens nur auf die ordentlichen Professuren beziehen, irgend welche Übertragung des königlichen Ernennungsrechtes auf die Fakultäten nicht erfolgt ist.

Ein Zusammenwirken verschiedener Faktoren bei der Ämterbesetzung kann in der Weise stattfinden, daß jeder von ihnen eine entscheidende Stimme hat, wenn auch nur einer von ihnen das Amt formell überträgt. Das finden wir bei der Wahl kommunaler Beamten unter staatlicher Bestätigung und umgekehrt beim Patronate. Besonderer Vorkehrungen bedarf es hierbei, falls eine Einigung der zusammenwirkenden Faktoren über die Person nicht erfolgt.

Ein solches entscheidendes Mitwirken selbstständiger Organe findet nun bei Besetzung der Professuren trotz des Vorschlagsrechtes der Fakultäten nicht statt. Schon der Umstand, daß die Fakultät in der Regel mehrere Personen vorschlagen soll, ergiebt, daß sie nicht in entscheidender Weise die für das Amt in Frage kommende Person bezeichnet. Die Statuten deuten ferner nicht im entferntesten an, daß der König oder das Ministerium nur eine der von der Fakultät vorgeschlagenen Personen ernennen dürfe, während eine solche Beschränkung der freien Regierung und Verwaltung durch die Selbstverwaltung der Fakultäten ganz naturgemäß in den Statuten hätte zum Ausdrucke gelangen müssen. So fehlt denn auch die notwendige Ergänzung des entscheidenden Zusammenwirkens selbstständiger Faktoren bei der Ämterbesetzung, nämlich eine Vorkehrung für den Fall, daß sie sich über die Personenfrage nicht einigen. Endlich ergiebt die Verwaltungspraxis, die ununterbrochene Übung eines Jahrhunderts, daß das Ministerium sich in der Personenfrage niemals an die Vorschläge der Fakultäten gebunden erachtet hat.

Zwei Faktoren können ferner in der Weise bei der Ämterbesetzung zusammenwirken, daß zwar der eine ein vollständig freies Ernennungsrecht hat, aber vor der Ernennung notwendig den anderen mit seinen Vorschlägen hören muß. So dürfen einzelne Arten von Reichsbeamten vom Kaiser nur nach Anhörung des Bundesrates oder des betreffenden Bundesratsausschusses ernannt werden.

In dieser Weise wirken König und Ministerium auf der einen, Fakultäten auf der anderen Seite gleichfalls nicht zusammen. Die statutarischen Bestimmungen regeln nur die Befugnisse der Fakultäten, aber weder die verfassungsmäßigen Verpflichtungen des Königs noch die Obliegenheiten des Ministeriums. Es kann hier ganz davon abgesehen werden, ob die Statuten bei ihrem bereits oben erörterten formellen Charakter dies thun könnten, jedenfalls thun sie es nicht. Aus einer Befugnis, welche dem einen eingeräumt wird, folgt keineswegs die entsprechende Verpflichtung für den anderen. Wenn der

Minister in Regulativen, die man als Fakultätsstatuten bezeichnet, ja wenn der König selbst in einer Verordnung, dem Greifswalder Universitätsstatut, erklärt, daß er vor der Ernennung der Professoren die Fakultät hören wolle, so verschließt er sich damit nicht den Weg, in diesem oder jenem Falle etwas anderes zu wollen. Auch die fortlaufende Verwaltungspraxis eines Jahrhunderts hat niemals die Verpflichtung, vor Ernennung eines Professors die Fakultät zu hören, anerkannt.

Die Vorschläge sind vielmehr, wie ein Teil der Statuten ausdrücklich besagt. gutachtliche Äußerungen der Fakultäten über die Personenfrage. Solche gutachtlichen Äußerungen sind in allen Zweigen der Staatsverwaltung seitens der unteren Behörden, welche in der Regel allein die erforderliche Personalkenntnis haben, bei der ihnen vorgesetzten Behörde, in letzter Instanz bei ihrem Ministerium allgemein üblich und hergebracht. Der Geschäftsgang ist vielfach durch Erlaß oder Regulativ des Ministers allgemein geregelt, ohne daß der Minister damit unbedingt gebunden wäre, diesen von ihm als Regel vorgezeichneten Geschäftsgang auch seinerseits stets einzuhalten. Diesem in allen Zweigen der Staatsverwaltung üblichen Geschäftsgange entspricht auch das Verfahren bei Ernennung der Professoren. Wenn man dem Vorgange vielfach eine andere Bedeutung beigelegt hat, so beruht dies auf zwei Gründen. Es ist einmal die bei gelehrten Körperschaften besonders lebendige Kraft des geschichtlichen Wissens, das allerdings bei allem liebevollen Versenken in das Leben und Treiben des Mittelalters die gewaltige Umwälzung aller öffentlichen Verhältnisse durch die absolute Monarchie nicht ausreichend erfaßt[1]). Außerdem tritt hier an die Stelle des sonst beliebten Personalienrates in der dem Ministerium untergeordneten Instanz ein Kollegium, die Fakultät. Das ist aber auch der ganze Unterschied.

Die Ernennung der Professoren erfolgt hiernach auf Grund unmaßgeblicher Vorschläge der Fakultäten, soweit solche erfordert oder erstattet werden, wie die aller anderen unmittelbaren Staats-

[1]) So schreibt Prof. Beyschlag in den Deutsch. evangelischen Blättern, Septemberheft 1895, S. 633: „Wenn ein Minister unter Nichtachtung der Vorschläge einer Fakultät einen Professor ernennt, so betrachte ich das, wenn die Fakultät nicht eine verkommene und vertrauensunwürdige ist, jedesmal als einen Mißbrauch der Amtsgewalt; natürlich müssen wir uns auch dann der Obrigkeit fügen, die Gewalt über uns hat."

beamten. Die Ernennung der ordentlichen Professoren hat sich der König selbst unter Verantwortlichkeit des Ministers vorbehalten, die der ordentlichen Honorarprofessoren erfolgt mit königlicher Genehmigung, die der außerordentlichen Professoren ohne solche durch den Minister.

Die Erfüllung besonderer Voraussetzungen in der Person des zu ernennenden Professors, wie der Ablegung von Prüfungen, der vorhergehenden Thätigkeit als Privatdozent rc. bedarf es nicht. Wohl aber muß nach altem Gewohnheitsrechte, dessen Ursprung bis zur Begründung der deutschen Universitäten rückwärts nachweisbar ist, der neu ernannte Professor, bevor er seine Amtsthätigkeit aufnimmt, den entsprechenden akademischen Grad seiner Fakultät erworben haben. Wenn die Fakultätsstatuten dies nur bezüglich der Privatdozenten ausdrücklich hervorheben, so soll für die Professoren nichts anderes gelten, sondern die Vorbedingung erschien hier selbstverständlich. Bis zum Erwerbe des erforderlichen akademischen Grades, den er noch nicht besitzen sollte, steht der Professor als solcher zwar in dem Staatsdienstverhältnisse, darf aber weder lehren noch an der Selbstverwaltung der Genossenschaft teilnehmen.

Professoren der katholisch-theologischen Fakultäten müssen außerdem, sofern ihre Lehre von der katholischen Kirche für ihre künftigen Geistlichen als ausreichende Vorbildung anerkannt werden soll, die Priesterweihe empfangen haben. Auch staatlicherseits ist dies wenigstens mittelbar anerkannt, indem schon die Promotion zum Licentiaten und die Habilitation als Privatdozent den vorherigen Empfang der höheren Weihen voraussetzt. (Vgl. z. B. Bonner Fak.St. §§ 33, 51). Für die Professoren der evangelisch-theologischen Fakultäten bedarf es dagegen der vorherigen Ordination als Geistlicher nicht, da diese die Einführung in das geistliche Amt bedeutet, die Professur aber ein Staatsamt ist.

§ 8. Das Pflichtverhältnis der Professoren.

Nach § 69 II, 10 A. L.-R. stehen die Civilbeamten entweder in unmittelbaren Diensten des Staates oder gewisser, ihm untergeordneten Kollegien, Korporationen und Gemeinen. Man unterscheidet hiernach unmittelbare und mittelbare Staatsbeamte. Als maßgebend für die Unterscheidung wird man nach der landrechtlichen Bestimmung nicht den Inhalt der Dienste, sondern die Thatsache zu betrachten haben, wem gegenüber das Dienstverhältnis begründet ist. Der Bürgermeister bleibt daher mittelbarer Staatsbeamter, auch wenn er keine Gemeindeangelegenheiten, sondern Geschäfte der allgemeinen Landesverwaltung, z. B. die Polizei wahrnimmt. Der Eigenschaft des Landrates als unmittelbaren Staatsbeamten thut es keinen Eintrag, daß er auch an der Spitze der Kommunalverwaltung des Kreises steht. Die Dienstherrlichkeit prägt sich vor allem aus in der Bestallung des Beamten und in der Zahlung der Besoldung. Die ordentlichen Professoren werden vom Könige, die außerordentlichen in seinem Auftrage vom Unterrichtsminister ernannt. Sie erhalten ihre Besoldung nach Maßgabe des Staatshaushaltsetats. Man wird sie daher nur als unmittelbare Staatsbeamte betrachten können. Dem thut es keinen Eintrag, daß die ordentlichen Professoren gleichzeitig an der Verwaltung der Universität als Korporation beteiligt sind.

Für die Handhabung der Disciplin scheidet das preußische Verwaltungsrecht die Beamten in richterliche und nicht richterliche, die beide verschiedenen Disciplinarbestimmungen unterworfen sind. Nach ausdrücklicher Vorschrift des Disciplinargesetzes vom 11. Juli 1852 gehören die Universitätsprofessoren zu den nicht richterlichen Beamten.

Mit dem Eintritte in den Staatsdienst und der Übernahme des Amtes überkommen die Professoren gewisse Pflichten innerhalb wie außerhalb des Amtes, es wird das umfassende Pflichtverhältnis des Staatsbeamten begründet. Doch erscheinen nach verschiedenen Richtungen die Pflichten des Professors im Vergleiche mit anderen nicht richterlichen Beamten wesentlich abweichend entwickelt.

Jeder Beamte hat bei Wahrnehmung seiner Amtsgeschäfte alle mögliche Sorgfalt anzuwenden, widrigenfalls er sich für den durch sein Verschulden entstandenen Schaden haftbar macht. Diese allgemeine Haftpflicht der Beamten, wie sie jetzt durch das B.G.B. §§ 31, 89, 839, 841 geregelt ist, kann den Professor bei Ausübung seiner Lehrthätigkeit nicht treffen, sie bleibt aber unberührt, soweit es sich um die Teilnahme an der Selbstverwaltung der Universität oder die Verwaltung von Universitätsinstituten handelt.

Aus der Verpflichtung des Beamten, die ihm obliegenden Dienstverrichtungen zu versehen, ergiebt sich seine Pflicht, seinen Amtssitz ohne Urlaub nicht zu verlassen. Diese Pflicht erscheint bei dem Professor eingeschränkt, da er regelmäßig während der Ferien nicht amtlich thätig zu sein hat. Daher bedürfen nach dem Ministerialerlasse vom 3. November 1876 Professoren während der gesetzlichen Ferienzeiten innerhalb und außerhalb Landes keines Urlaubs, nur die mit der Leitung eines akademischen Instituts, das fortgesetzter Beaufsichtigung bedarf, betrauten Professoren haben vor Antritt der Reise die ministerielle Genehmigung der für ihre Vertretung getroffenen Maßregeln abzuwarten. Jedoch ist statutarisch vielfach auch außerhalb der Ferienzeit bei einer Abwesenheit bis zu drei Tagen der Urlaub für entbehrlich erklärt. Soweit Urlaub erforderlich ist, schreiben die Statuten unbedingt, im übrigen nur für die ordentlichen Professoren Anzeige von der Reise an den Dekan vor.

Zu den Amtspflichten gehört hauptsächlich die wissenschaftliche Lehre nach Maßgabe der erteilten Bestallung bezw. des Lehrauftrages, für die ordentlichen Professoren auch die Teilnahme an den Geschäften der Korporation.

In dieser Amtsthätigkeit wird die wissenschaftliche Unabhängigkeit des Professors gesichert durch Art. 26 der Verfassungsurkunde: „Die Wissenschaft und ihre Lehre ist frei". Wenn es auch nach Art. 112 bis zum Erlasse des in Art. 26 vorgesehenen Unterrichtsgesetzes bei den jetzt geltenden gesetzlichen Bestimmungen bewenden soll, so trifft dies den Art. 20 nicht. Denn einmal geht seine Bedeutung über das Gebiet des Unterrichtswesens hinaus, und außerdem bestehen widersprechende gesetzliche Bestimmungen, die den Grundsatz aufheben, nicht.

Die Lehre an den Universitäten ist nun aber im Gegensatze zu der an den höheren und niederen Schulen überhaupt eine wissenschaftliche. Damit ist jede Anweisung an den Professor über den Inhalt seiner Lehre ausgeschlossen. Er gewinnt für seine Thätigkeit dieselbe Unabhängigkeit wie der Richter durch Art. 86 der Verfassungsurkunde, wonach die richterliche Gewalt durch unabhängige, keiner anderen Autorität als der des Gesetzes unterworfene Gerichte ausgeübt wird. Wie dem Richter nicht vorgeschrieben werden kann, wie er zu entscheiden hat, so dem Professor nicht der Inhalt der wissenschaftlichen Lehre.

Praktisch wird dieser Grundsatz eingeschränkt für die katholischen Professoren der Theologen. Sie unterliegen nach den Statuten der bischöflichen Aufsicht. Wenn ein Lehrer in seinen Vorlesungen und Schriften der katholischen Glaubens- und Sittenlehre, welche er wissenschaftlich zu begründen berufen ist, zu nahe tritt oder auf andere Weise in sittlich-religiöser Beziehung ein Ärgernis giebt, so ist der zuständige Bischof befugt, Anzeige zu machen, und das Ministerium wird auf Grund einer solchen mit Ernst und Nachdruck einschreiten und Abhilfe schaffen[1]) Es kann ganz dahingestellt bleiben, ob diese Bestimmung durch den verfassungsmäßigen Grundsatz der Freiheit der Wissenschaft formell aufgehoben ist. Ebenso wenig braucht man auf die Frage einzugehen, inwiefern der Staat überhaupt in der Lage sein soll, wegen Verstößen gegen die Glaubenslehren einer bestimmten Konfession gegen einen seiner Beamten vorzugehen. Die Kirche andrerseits, die über die Richtigkeit der Lehre zu urteilen hat, überträgt weder das Amt noch hat sie es zu entziehen, eine missio canonica wird staatlicherseits nicht anerkannt. Aber der Konflikt erledigt sich auf anderem Wege. Die Kirche kann den künftigen Geistlichen verbieten, bei einem bestimmten Professor zu hören. Damit wird seine Lehrthätigkeit innerhalb der katholisch-theologischen Fakultät unmöglich, so lange er nicht eine Aussöhnung mit der Kirche gefunden hat.

Über die richterliche Unabhängigkeit hinaus sind die Professoren auch in Bezug auf die Form der Lehre von einer höheren dienstlichen Einwirkung frei. Dem Richter kann zwar nicht der Inhalt des Urteils, wohl aber die Form, in der es abzufassen ist, im Aufsichtswege vorgeschrieben werden. Die Lehre der Wissenschaft umfaßt aber nicht nur den Inhalt, sondern auch die Form des Vertrages. Zunächst sind hier gewisse natürliche Schranken vorhanden. Selbstverständlich kann weder allgemein noch einem einzelnen vorgeschrieben werden, fesselnd und geistreich vorzutragen. Aber Inhalt und Form der Lehre sind überhaupt in gewissem Maße untrennbar. Ist die Lehre frei, so muß es auch dem Ermessen des einzelnen Professors überlassen bleiben, in welcher Weise er am besten zu wirken glaubt. Ob er diktieren oder frei sprechen, ob er eine Verbindung zwischen beiden Methoden suchen will, ist seine Sache. Die Verbote gegen das Diktieren, die die Ministerialakten des 18. Jahrhunderts erfüllen, würden durch die verfassungsmäßige Lehrfreiheit ausgeschlossen sein.

Die wissenschaftliche Lehre ist aber nicht auf den mündlichen Vortrag beschränkt. Es ist nicht Amtspflicht des Professors, wissenschaftliche Arbeiten zu schreiben. Bei der den deutschen Universitäten

---

[1]) Vgl. die S. 34 N. 3 angeführten Statutenstellen.

eigentümlichen Verbindung von Lehre und Forschung ist es aber herkömmlich, daß der Lehrer gleichzeitig ein Gelehrter ist und als solcher mit wissenschaftlichen Arbeiten hervortritt. Auch bei dieser zwar nicht amtlich gebotenen, aber im Amte liegenden Thätigkeit wird er durch die Freiheit der Wissenschaft gedeckt. Der Professor steht in dieser Beziehung allerdings jedem anderen gleich, der wissenschaftliche Arbeiten veröffentlicht. Da er dies aber regelmäßig in umfassenderen Maße thut als andere, kommt ihm auch hier die Unabhängigkeit in erster Linie zu statten.

Soweit hiernach der Professor auf Grund der Freiheit der Wissenschaft und ihrer Lehre persönliche Unabhängigkeit genießt, fällt jede Geltendmachung des Aufsichtsrechts durch die vorgesetzte Dienstbehörde wie jede Gehorsamspflicht des Professors fort. Wollte man z. B. einem Staatsrechtslehrer gebieten, bei seinem Vortrage die organische Staatslehre zu Grunde zu legen, einem Nationalökonomen verbieten, die Lehren des Kathedersozialismus vorzutragen, oder entsprechende Anforderungen an zu veröffentlichende wissenschaftliche Arbeiten stellen, so würde der Professor mit Recht den Gehorsam verweigern. Eine Einwirkung durch Begünstigung einzelner Richtungen kann die Aufsichtsbehörde nur bei Besetzung der Professuren ausüben. Wer einmal als Professor da ist, muß in seinen wissenschaftlichen Äußerungen weiter geduldet werden, auch wenn seine Richtung anfängt, nach oben unsympathisch zu werden.

Die Freiheit des Professors ist aber verfassungsmäßig ausdrücklich beschränkt auf die Wissenschaft und ihre Lehre, sie bedeutet nicht eine vollständige Unabhängigkeit, die mit dem Bestande eines Beamtenverhältnisses überhaupt unvereinbar sein würde.

Zunächst ist nicht zu übersehen, daß ein Professor neben seiner Hauptaufgabe der wissenschaftlichen Lehre noch mannigfache andere amtliche Obliegenheiten hat. Insbesondere sind die ordentlichen Professoren Träger der Selbstverwaltung von Universität und einzelnen Fakultäten. Auf diesem Gebiete amtlicher Thätigkeit kommt ihnen der Schutz des Art. 20 der Verfassungsurkunde nicht zu statten. Da eine gesetzlich umgrenzte Selbstverwaltung der Universitäten nicht besteht, sondern die Verwaltung zu führen ist nach einer königlichen Verordnung, die als Universitätsstatut, und nach ministeriellen Regulativen, die als Fakultätsstatuten bezeichnet werden, so ist der Professor hier nichts anderes als ein gewöhnlicher Verwaltungsbeamter. Er wird sich in der Regel nicht als solchen fühlen, sondern die persönliche Unabhängigkeit von seiner wichtigsten Obliegenheit, der wissenschaftlichen Lehre, auch auf die nebensächliche Amtsthätigkeit übertragen, zumal das Kollegialitätsprinzip mit seiner Abschwächung der persönlichen Verantwortlichkeit in derselben Richtung wirkt. Aber dieses persönliche Gefühl ist nicht entscheidend, sondern das bestehende Rechtsverhältnis.

Aber auch die Lehrthätigkeit wird nur nach Inhalt und Form durch die Lehrfreiheit gedeckt, im übrigen bleibt das gewöhnliche Beamtenverhältnis erhalten. Der Grundsatz der Lehrfreiheit bedeutet nicht, daß es in dem freien Ermessen des Professors steht, ob er überhaupt lehren will, oder es nicht vielmehr vorzieht, seine Amtsthätigkeit auf den Gehaltsbezug zu beschränken. Der Professor muß vielmehr seinen Amtspflichten, wie sie durch Bestallung, Lehrauftrag oder Statut feststehen, nachkommen. Es ist Sache der vorgesetzten Dienstbehörde, die Erfüllung der Amtspflichten zu beaufsichtigen und erforderlichen Falls zu regeln. Es können daher in Bezug auf die Vorlesungen alle diejenigen Bestimmungen getroffen werden, die nicht Inhalt und Form des Vortrages zum Gegenstande haben. So können beispielsweise Anordnungen ergehen über Anfang und Schluß der Vorlesungen, über die Art von Vorlesungen, die zu halten sind, über die für schriftliche Arbeiten zu erteilenden Zeugnisse und dergleichen mehr. Es wird hier die Erfüllung der Amtspflicht ohne jedes Eingreifen in die Lehrfreiheit geregelt. Nicht minder ist es Sache der vorgesetzten Dienstbehörde, einem übermäßigen Lehreifer, zumal wenn dieser sich nur in Privatvorlesungen zeigt, entgegenzutreten.

Endlich deckt ebenso wenig wie die Freiheit der Meinungsäußerung überhaupt die Freiheit der Lehre Ausschreitungen, welche dabei begangen werden.

Es ist zunächst selbstverständlich, daß die gewöhnlichen strafrechtlichen Schranken bestehen bleiben, abgesehen von allen inneren Gründen schon deshalb, weil das Reichsrecht dem Landesrechte vorgeht. Für die gelegentlich der Ausübung seines Berufes begangenen strafbaren Handlungen ist und bleibt der Professor verantwortlich. Hierdurch unterscheidet sich die Unabhängigkeit seiner Berufsthätigkeit wesentlich von der Immunität der Abgeordneten.

Der Beamte ist aber für Ausschreitungen nicht nur wie alle anderen Sterblichen strafrechtlich, sondern auch disciplinar haftbar. Auch diese Haftbarkeit ist für die Professoren nicht aufgehoben.

Die allgemeine Freiheit der Meinungsäußerung wie ihre besondere Anwendung auf die Lehre der Wissenschaft läßt die Verpflichtung der Beamten zur gewissenhaften Erfüllung ihrer Amtspflichten unberührt. Zu diesen Amtspflichten gehört aber die Vermeidung jeder ungehörigen und verletzenden Form.

Soweit ein Professor wegen seiner Amtsthätigkeit strafrechtlich oder civilrechtlich in Anspruch genommen wird, ist wie bei anderen Verwaltungsbeamten seitens der vorgesetzten Dienstbehörde die Konfliktserhebung nach Maßgabe des Gesetzes vom 13. Februar 1854 § 11 EG. zum Gerichtsverfassungsgesetze zulässig. Die Vorentscheidung des Oberverwaltungsgerichtes hat hier festzustellen, ob eine positive oder negative Amtsüberschreitung vorliegt.

Der Beamte soll sich endlich nach § 2 Nr. 2 des Disciplinargesetzes vom 21. Juli 1852 auch außerhalb des Amtes der Achtung, des Ansehens und des Vertrauens, die sein Beruf erfordert, würdig zeigen. Von dieser allgemeinen Beamtenverpflichtung sind auch die Professoren nicht befreit. Wann eine Verletzung dieser Verpflichtung vorliegt, ist Sache der Beurteilung im einzelnen Falle.

Von besonderer Wichtigkeit erscheint jedoch die Frage, inwiefern das politische Verhalten eines Professors mit der Verpflichtung zu einem achtungs- und vertrauenswürdigen Verhalten außerhalb des Amtes vereinbar ist.

Die Professoren gehören zunächst nicht zu den politischen Beamten, die jederzeit gegen Wartegeld zur Disposition gestellt werden können. Für letztere ist es Dienstpflicht, die jeweilige Regierungspolitik zu vertreten. Der Allerhöchste Erlaß vom 4. Januar 1882 erwartet insbesondere von ihnen positive Unterstützung und Vertretung der Regierungspolitik bei den Wahlen. Ergiebt sich eine wesentliche Abweichung der Ansicht des betreffenden Beamten von der Regierungspolitik, die ihm die Erfüllung seiner Pflichten nach der politischen Seite unmöglich macht, so wird er eben zur Disposition gestellt. Da die Professoren nicht politische Beamte sind, wird auch eine positive Vertretung der Regierungspolitik von ihnen nicht erwartet.

Nun fragt es sich aber umgekehrt, inwieweit den übrigen Beamten, also auch den Professoren, eine politische Opposition gegen die Regierung gestattet ist.

Von durchschlagender Bedeutung ist hier die Thatsache, daß wir keine parlamentarische Parteiregierung, sondern die Regierung des Königs haben, die sich über gesetzgeberische Maßregeln mit den einzelnen Parteirichtungen auseinanderzusetzen hat. Der Allerhöchste Erlaß vom 4. Januar 1882 betont daher ausdrücklich, daß Träger der Regierungspolitik der König und nicht das jeweilige Ministerium sei. Die ältere konstitutionelle Theorie, wie sie für das preußische Staatsrecht namentlich von Rönne vertreten war, politische Opposition eines Beamten sei mit seinem Treueide vereinbar, weil sie sich nicht gegen den König, sondern gegen das Ministerium als Träger der Regierungspolitik richte, wird damit von selbst hinfällig. Überdies würde die Zulässigkeit politischer Opposition der Beamten gegen das Ministerium zu einer Auflösung der Verwaltung und Disciplin führen. Gerade in den parlamentarischen Staaten, in denen das Ministerium Träger der Regierungspolitik ist, läßt es sich keine politische Opposition seiner Beamten gefallen. In Preußen gewährt umgekehrt der Mangel eines parlamentarischen Parteiregimentes den Beamten eine freiere politische Stellung. Die Regierung vertritt nicht ein Parteiprogramm, sondern muß sich über die von ihr erstrebten Ziele mit den Parteien verständigen. Die Beamten sind im Besitze des Wahlrechtes und daher zur Teilnahme am Parteileben befugt. Dabei können sie auch zu den einzelnen Regierungsmaßregeln Stellung nehmen, sie nur mit Abänderungen oder gar nicht für wünschenswert erklären. Dieser Widerspruch gegen einzelne Regierungsmaßregeln ist keine Opposition gegen die Regierungspolitik überhaupt, sondern kann im Gegenteile unter Umständen loyale Unterstützung sein.

Ein solcher Widerspruch gegen eine einzelne Regierungsmaßregel muß freilich jede verletzende Form vermeiden. Wählt der Beamte eine solche, so zeigt er damit, daß es ihm nicht auf die Sache ankommt, daß er nur der Regierung Hindernisse bereiten will. Er macht sich damit des Vertrauens, das sein Beruf erfordert unwürdig.

Unvereinbar mit den Pflichten eines Beamten ist endlich die Teilnahme an Parteibestrebungen, welche die Grundlagen der bestehenden Staats- und Gesellschaftsordnung angreifen, welchen jede Regierungspolitik feindlich gegenüber stehen muß, weil sie das Interesse des Staates zu vertreten hat. Hierher gehören Parteien wie die der Sozialdemokraten, Polen, Welfen, Dänen. Auch für den Universitätsprofessor ist durch seine Stellung die Teilnahme an den Bestrebungen solcher Parteien ausgeschlossen. Man wendet freilich ein: Was hat es mit der amtlichen Thätigkeit eines Mathematikprofessors zu thun, wenn er in seinem Privatleben als Sozialdemokrat wirkt? Gewiß wird der mathematische Vortrag dadurch nicht beeinflußt. Allein würde das bei einem Staatsrechtslehrer, einem Nationalökonomen oder Historiker ebenso sein? Soll man für diese deshalb ein Sonderrecht schaffen? Alle werden doch in gleicher Weise durch die Lehrfreiheit gedeckt! Der entscheidende Gesichtspunkt ist überhaupt nicht die Möglichkeit einer „Vergiftung der Jugend" durch den Vortrag — dafür ist ausreichendes Gegengift vorhanden —, sondern der Umstand, daß der Professor das Ansehen seines ihm vom Staate verliehenen Amtes benutzt, um es gegen den Staat in die Wagschale zu werfen. Das kann kein Staat dulden, mag die Thätigkeit des Beamten sein, welche sie will.

Die Rechtsprechung des Oberverwaltungsgerichtes als obersten Disciplinargerichtes für gewisse mittelbare Staatsbeamte befindet sich mir diesen Grundsätzen in voller Übereinstimmung[1]). Es stellt zunächst fest, daß in Bezug auf das außeramtliche Verhalten, insbesondere nach der politischen Richtung ein grundsätzlicher Unterschied zwischen unmittelbaren und mittelbaren Staatsbeamten nicht bestehe. Auch die Beamten seien von einer politischen Thätigkeit keineswegs ausgeschlossen, aber sie ständen dabei anderen Staatsangehörigen nicht gleich, sondern blieben durch die Pflichten ihrer amtlichen Stellung gebunden. Insbesondere müsse das Auftreten des Beamten sachlich, von Parteileidenschaft frei bleiben, sich vor ungerechten und unwahren Behauptungen und gehässigen Angriffen hüten, dürfe auch die rücksichtsvolle Achtung gegen die Inhaber anderer öffentlichen Ämter nicht verletzen. Eine Unterstützung der Bestrebungen der Polenpartei wird ausdrücklich für eine Pflichtverletzung erklärt.

Die Professoren unterliegen endlich den allgemeinen Beschränkungen der Beamten in Bezug auf Nebenbeschäftigungen.

Ausgeschlossen ist nach der Gewerbeordnung vom 17. Januar 1845 § 19 und der Verordnung vom 23. September 1867 § 1 Nr. 5 jeder Gewerbebetrieb des Beamten selbst, seiner Ehefrau, der unter väterlicher Gewalt stehenden Kinder, der Dienstboten und anderer Personen ihres Hausstandes ohne Erlaubnis der vorgesetzten Dienstbehörde.

Der gleichen Genehmigung bedarf es nach den Kabinettsordres vom 13. Juli 1839 und 25. Juli 1840 wie der Verordnung vom

---

[1]) Vgl. die Entsch. vom 20. Dez. 1886, Bd. 14, S. 404 und 11. Jan. 1888, I Nr. 379, bei Kunze und Kautz, Rechtsgrundsätze Bd. 2, S. 548 ff.

23. September 1867 § 1 Nr. 5 für die Übernahme eines Nebenamtes oder einer Nebenbeschäftigung, mit der eine fortlaufende Remuneration verbunden ist. Zuständig ist die Centralbehörde, die auch die erteilte Genehmigung jederzeit widerrufen kann. Nur die vom Könige selbst genehmigten Ernennungen zu Nebenämtern sind als bleibend zu betrachten.

Endlich verbietet das Gesetz vom 10. Juni 1874 betreffend die Beteiligung der Staatsbeamten bei der Gründung und Verwaltung von Aktien-, Kommandit- und Bergwerksgesellschaften (G. S. 1874, S. 244), daß unmittelbare Staatsbeamte ohne Genehmigung des vorgesetzten Ressortministers Mitglieder des Vorstandes, Aufsichts- oder Verwaltungsrates von Aktien-, Kommandit- oder Bergwerksgesellschaften sein oder in Komitees zur Gründung solcher Gesellschaften eintreten (§ 1). Eine derartige Mitgliedschaft ist gänzlich verboten, wenn sie mittelbar oder unmittelbar mit einer Remuneration oder mit einem anderen Vermögensvorteile verbunden ist. Nur solchen Beamten, welche aus der Staatskasse eine fortlaufende Besoldung nicht beziehen oder neben ihr nach der Art ihres Amtes auf einen anderen Erwerb hingewiesen sind, kann, auch wenn mit der Mitgliedschaft ein Vermögensvorteil verknüpft ist, die Genehmigung erteilt werden, wenn dies nach dem Ermessen des betreffenden Ressortministers mit dem dienstlichen Interesse vereinbar erscheint (§ 2). Die erteilte Genehmigung ist jederzeit widerruflich (§ 3). Dagegen unterliegt die Beteiligung an anderen Erwerbsgesellschaften, welche die Rechtsform einer Aktien-, Kommandit- oder Bergwerksgesellschaft nicht haben, z. B. an Kolonialgesellschaften nur den allgemeinen Beschränkungen über entgeltliche Nebenbeschäftigung.

Eine wissenschaftlich-literarische Thätigkeit, auch wenn sie fortgesetzt betrieben wird und Entgelt abwirft, kann dagegen als genehmigungspflichtige Nebenbeschäftigung nicht betrachtet werden, weil sie im Amte des Professors liegt. Dies gilt auch von der Redaktion wissenschaftlicher Zeitschriften, obgleich bei ihnen eine fortlaufende Remuneration des Redakteurs regelmäßig stattfindet. Ebenso ist die wirtschaftliche Verwertung von wissenschaftlichen Entdeckungen und Erfindungen frei.

Die Notwendigkeit eines Heiratskonsenses besteht für die Professoren nicht mehr.

Die Erzwingung des umfassenden Pflichtverhältnisses erfolgt für die Professoren wie für alle anderen nicht richterlichen unmittelbaren Staatsbeamten nach Maßgabe des Disciplinargesetzes vom 21. Juli 1852.

Zulässig sind hiernach als Ordnungsstrafen Warnung, Verweis und Geldstrafe bis zum Betrage des einmonatlichen Diensteinkommens, bei unbesoldeten Beamten bis zu 90 Mk. Diese Ordnungsstrafen können vom Minister als der vorgesetzten Dienstbehörde nach Anhörung des Betreffenden ohne besonderes Verfahren verhängt werden. Selbst die sonst gegen die Anordnung der Ordnungsstrafe zulässige Beschwerde fällt hier fort, da der Minister selbst die vorgesetzte Dienstbehörde ist.

Eine weitere Disciplinarstrafe bildet die Entfernung aus dem Amte. Sie kann bestehen: a) in der Versetzung in ein anderes Amt von gleichem Range, jedoch mit Verminderung des Einkommens und Verlust des Anspruchs auf Umzugskosten oder mit einem von beiden Nachteilen; b) in der Dienstentlassung, welche Verlust des Titels und des Pensionsanspruches von selbst nach sich zieht. Die weitere Erörterung der Entfernung aus dem Amte muß dem Abschnitte über die Beendigung des Amts- und Dienstverhältnisses vorbehalten bleiben. Die Entfernung aus dem Amte kann nur erfolgen in einem förmlichen Disciplinarverfahren mit schriftlicher Voruntersuchung und mündlicher Verhandlung, welches das Disciplinargesetz im Anschlusse an das gerichtliche Strafverfahren regelt. Zuständig ist in erster Instanz der Disciplinarhof in Berlin, in zweiter das Staatsministerium. Beide können jedoch statt auf Entfernung aus dem Amte auch auf eine bloße Ordnungsstrafe erkennen.

Soweit die Statuten der einzelnen Fakultäten diesen die Befugnis beilegen, einen Professor wegen Ungebührlichkeiten durch den Dekan schriftlich oder mündlich zur Ordnung verweisen zu lassen, sind diese Bestimmungen für hinfällig zu erachten. Denn sie stehen im Widerspruche mit dem Disciplinargesetze, das ausschließlich Mittel und Formen zur Erzwingung der Dienstpflichten der Beamten regelt. Es bleibt der Fakultät nur das Recht der Beschwerde beim Minister.

§ 9. Die Rechte der Professoren.

Die Professoren genießen gleich allen anderen unmittelbaren Staatsbeamten den mit ihrem Amte verbundenen Rang nach Maßgabe der Kabinettsordre vom 13. November 1817. Die ordentlichen Professoren, denen in dieser Beziehung die ordentlichen Honorarprofessoren gleich stehen, haben gleich den Regierungs- und Oberlandesgerichtsräten den Rang der Räte vierter Klasse, außerordentliche Professoren gleich den Regierungs- und Gerichtsassessoren den der fünften Klasse. Doch bleibt einem Professor der höhere Rang, den er etwa in einer anderen Dienststellung erworben hatte. Auch kann ihm persönlich mit einem entsprechenden Titel, z. B. dem eines Geheimen Justiz- oder Geheimen Regierungsrates ein höherer Rang beigelegt werden. Unbeschadet dieses höheren Ranges rangieren ordentliche wie außerordentliche Professoren unter einander nach dem Datum ihres ersten Patentes als Professor einer deutschen — nicht bloß im Deutschen Reiche belegenen — Universität. Da allein das Datum des Patentes entscheidet, ist nicht nötig, daß sie jenes erste Amt auch wirklich bekleidet haben.

Jeder Professor hat ferner Anspruch auf die mit seinem Amte verbundenen Einkünfte.

Hierher gehören zunächst für die ordentlichen Professoren als Mitglieder der Fakultäten im engeren Sinne die Dividenden, welche ihnen aus der Fakultätskasse, den Promotions-, Habilitations- und Inskriptionsgebühren nach Maßgabe der Bestimmungen der einzelnen Fakultätsstatuten zufließen.

Alle Professoren haben Anspruch auf das von den Zuhörern zu entrichtende Honorar nach Maßgabe der an den einzelnen Fakultäten oder allgemein bestehenden Vorschriften unter Abzug der Verwaltungskosten für die Quästur. Gestundete Honorare werden nach Eingang dem Professor oder seinen Erben ausgezahlt.

Gelegentlich der Einführung von Dienstalterszulagen zum Gehalte ist jedoch durch den Allerhöchsten Erlaß vom 21. Oktober 1897 für die besoldeten Professoren eine wesentliche Beschränkung im Honorarbezuge eingetreten. Die Honorare für die Vorlesungen der etatsmäßigen besoldeten Professoren fließen, insoweit ihr eingezahlter Beitrag nach Abzug des Beitrages zu den Kassenverwaltungskosten für einen Professor in einem Rechnungsjahre 3000 Mk., in Berlin 4500 Mk. übersteigt, zur Hälfte zur Staatskasse. Diese Vorschrift findet jedoch auf diejenigen Professoren, welche bei ihrem Inkrafttreten schon angestellt sind, so lange ihnen nicht eine andere Professur übertragen wird, nur mit ihrem Einverständnisse Anwendung. Diejenigen Professoren, welche dieses Einverständnis erklärt haben, sind mit ihrem Gehalte in das System der Dienstalterszulagen eingetreten, die anderen haben ihr bisheriges Gehalt behalten. Da der

Honorarabzug bei allen neuen Übertragungen etatsmäßiger Professuren durch Allerhöchsten Erlaß angeordnet ist, kann von ihm im einzelnen Falle auch nur mit königlicher Ermächtigung abgegangen, und dem Professor der Bezug des gesamten Kollegienhonorars zugestanden werden.

Daß eine Professur mit Gehalt verbunden ist, erscheint nicht notwendig. Die ordentlichen Professoren beziehen regelmäßig, die außerordentlichen zum großen Teile, die Honorarprofessoren als solche nie Gehalt. Neuerer Verwaltungsgrundsatz ist es, außerordentliche Professoren ohne Gehalt nicht mehr zu ernennen. Es werden daher in der Regel solche nur noch ernannt für erledigte etatsmäßige Stellen, oder wenn sie sich in einer anderen amtlichen, mit Gehalt verbundenen Stelle befinden.

Die Bemessung des Gehaltes beruhte früher auf dem Stellenetat, ohne daß ein Anspruch oder auch nur eine begründete Aussicht auf Aufsteigen im Gehalte vorhanden war. Dieses System ist bestehen geblieben für diejenigen bereits im Amte befindlichen Professoren, welche sich dem durch den Allerhöchsten Erlaß vom 21. Oktober 1897 angeordneten Honorarabzügen nicht unterworfen haben. Es ist also für die Zukunft zum Aussterben bestimmt.

Die Gehaltssätze sind nunmehr in folgender Weise festgesetzt. Es beziehen die ordentlichen Professoren

in Berlin 4800 Mk. Grundgehalt, steigend in 6 Dienstaltersstufen von je 4 Jahren um je 400 Mk.;

in den anderen Universitäten 4000 Mk. Grundgehalt, steigend in 5 Dienstaltersstufen von je 4 Jahren um je 400 Mk.;

die außerordentlichen Professoren

in Berlin 2400 Mk. Grundgehalt, steigend in 6 Dienstaltersstufen von je 4 Jahren um je 400 Mk.;

an den anderen Universitäten 2000 Mk. Grundgehalt, steigend in 5 Dienstaltersstufen von je 4 Jahren um je 400 Mk.

In besonderen Fällen kann jedoch eine anderweite Festsetzung des Gehaltes vereinbart werden.

Die Gehaltsregelung gilt nicht für diejenigen Professoren, welche

1. ein anderweites pensionsberechtigtes Amt bekleiden oder bekleidet haben und Pension oder Wartegeld beziehen;

2. außer der Professur eine mit fortlaufenden Einnahmen verbundene Privatstellung bekleiden (abgesehen von einer rein wissenschaftlichen Thätigkeit);

3. medizinische Praxis oder sonstige praktische Erwerbsthätigkeit treiben oder nach Lage anzunehmen ist, daß sie dies thun werden;

4. ein Extragehalt bei der Berliner Akademie der Wissenschaften oder der Göttinger Gesellschaft der Wissenschaften beziehen;

5. mit ihrem Einverständnisse vom Halten der Vorlesungen entbunden sind, oder bei denen nach Entscheidung des Unterrichtsministers die Voraussetzungen vorliegen, unter denen nicht richterliche Beamte in den Ruhestand versetzt werden können.

Im Jahre 1899 trafen von diesen Ausnahmen zu die erste auf 34 (11 ordentliche, 23 außerordentliche), die zweite auf einen, die dritte auf 70 (40 ordentliche, 30 außerordentliche), ausschließlich Mediziner, die vierte auf 5 und die fünfte auf 32 (22 ordentliche, 10 außerordentliche Professoren), zusammen also 142.

Von im ganzen 738 (530 ordentlichen, 208 außerordentlichen) Professoren hatten 192 bereits das durch die neue Regelung festgesetzte Höchstgehalt, 142 schieden unter Anwendung der erwähnten Ausnahmegrundsätze aus. Es blieben also beteiligt 404, auf welche die neue Gehaltsregelung an sich Anwendung gefunden hätte. Von diesen traten jedoch 43 dem neuen Systeme nicht bei, indem sie es vorzogen, sich dem Abzuge vom Kollegiengelde nicht zu unterwerfen.

Durch besondere Vereinbarung des Unterrichtsministeriums mit dem Finanzministerium ist außerdem Folgendes festgesetzt.

Wenn ein Professor außer seinem Gehalte als Professor mehr als 1800 Mk. fortlaufende Einnahme aus öffentlicher oder privater Thätigkeit bezieht, wird dies auf die Zulagen angerechnet. Hierunter fallen jedoch nicht

1. Einkünfte aus literarischer Thätigkeit von rein wissenschaftlichem Charakter;

2. Honorare für Universitätsvorlesungen und Prüfungsgebühren mit Ausnahme der Promotionsgebühren;

3. gewöhnliche Gehälter der Mitglieder und Sekretäre der Berliner Akademie der Wissenschaften und der Göttinger Gesellschaft der Wissenschaften und der Mitglieder des Instituts zur Untersuchung der deutschen Meere in Kiel;

4. die Gehälter und Remunerationen der Lehrer an der Kaiser Wilhelm-Akademie in Berlin und der Marineakademie in Kiel.

Hierdurch werden fünf Fälle getroffen[1]).

Die etatsmäßigen ordentlichen wie außerordentlichen Professoren haben gleich allen anderen unmittelbaren Staatsbeamten neben dem Gehalte Anspruch auf Wohnungsgeldzuschuß nach Maßgabe des Gesetzes vom 12. Mai 1873 mit der Novelle vom 28. Juni 1875 (G. S. 1873 S. 122; 1875, S. 370).

Für die Bemessung des Wohnungsgeldzuschusses ist der mit der Amtsstellung verbundene Dienstrang, nicht der einem Beamten etwa persönlich beigelegte höhere Rang maßgebend. Hiernach kommt für die Professoren der Wohnungsgeldzuschuß der 4. und 5. Rangklasse in Betracht, der für beide gleich ist. Er beträgt jährlich in Berlin 900 Mk., für die erste Servisklasse 660 Mk., die zweite 540, die dritte 480, die vierte 420 und die fünfte 360 Mk. Von den preußischen Universitätsstädten gehören zur ersten Servisklasse Bonn, Breslau, Halle, Kiel, Königsberg und Münster, zur zweiten Göttingen, Greifswald und Marburg, zur dritten Braunsberg.

Eine Pensionierung der Professoren findet nicht statt. Sie haben daher auch keinen Pensionsanspruch.

Die Hinterbliebenen eines Professors haben zunächst Anspruch auf die Gnadenkompetenzen nach denselben Grundsätzen wie die anderer Staatsbeamten gemäß dem Gesetze vom 6. Februar 1881 (G. S. 1881, S. 17). Die Gnadenkompetenzen bestehen in der Fortgewährung des Diensteinkommens außer für den Sterbemonat für die zunächst folgenden drei Monate. Die Gnadenbewilligung fällt nicht in die Nachlaßmasse, sondern steht der Witwe, den Kindern und den Enkeln des Beamten, auch wenn sie nicht Erben sind, dergestalt zu, daß darauf kein Gläubiger des Verstorbenen einen Anspruch hat. Außerdem können die Departementschefs auch anderen Personen, deren einziger Ernährer der Verstorbene war, die Gnadenkompetenzen anweisen. Das früher für Hinterbliebene der Professoren vielfach übliche Gnadenjahr besteht für die Zukunft nicht mehr. Die Gnadenkompetenzen können nur gewährt werden von Gehalt und Wohnungsgeldzuschuß. Dagegen ist bei einem Tode des Professors im Laufe

[1]) Das gesamte Material über die neue Gehaltsregelung ist mitgeteilt in den Drucksachen des Abgeordnetenhauses 1899, Anl. Bd. 3 Nr. 71.

des Semesters das bereits empfangene Kollegienhonorar zurückzuzahlen, wenn die Vorlesung nicht im wesentlichen beendet ist.

Die Hinterbliebenen haben weiter Anspruch auf Witwen- und Waisengeld.

Vor der neuen Regelung der Reliktenversorgung konnte ein Professor nach der Kabinettsordre vom 9. Juni 1838 seine Ehefrau entweder bei der Allgemeinen Witwenverpflegungsanstalt oder in die bei jeder Universität bestehende Professoren-Witwen- und Waisenversorgungsanstalt einkaufen. Bei einer von beiden Kassen mußte aber die Versicherung erfolgen. Das Gesetz vom 20. Mai 1882 betreffend die Fürsorge für die Witwen und Waisen der unmittelbaren Staatsbeamten (G. S. 1882, S. 298ff.) hat nun mit den bisherigen Grundsätzen gebrochen, indem es den Beamten den Beitritt zur Witwenverpflegungsanstalt untersagt und ihnen dagegen die Verpflichtung auferlegt, Witwen- und Waisengeldbeiträge zur Staatskasse zu zahlen. Indem das Gesetz vom 28. März 1888 die Witwen- und Waisengeldbeiträge aufhob, trat an die Stelle der früheren Versicherung die unmittelbare Versorgung der Hinterbliebenen durch den Staat. Da jedoch die neue Form der Fürsorge für die Hinterbliebenen sich nur auf die pensionsberechtigten Staatsbeamten bezog, blieben die Professoren davon ausgeschlossen. Für sie erhielt sich die Fürsorge durch die Professoren-Witwen- und Waisenkassen fort.

Wenn nun aber allen anderen berufsmäßigen Beamten ohne Entrichtung von Beiträgen Witwen- und Waisenfürsorge von Staatswegen zugesichert wurde, so erschien es unbillig, die Professoren allein solche Beiträge entrichten zu lassen. Unter Erhaltung der bestehenden Witwenkassen werden daher die Beiträge der Professoren gleichfalls auf die Staatskasse übernommen. Andrerseits mußte man, da die Professoren keine Pension beziehen, die Höhe des Witwen- und Waisengeldes unabhängig von dieser feststellen. Diese neuen Grundsätze der Fürsorge für die Witwen und Waisen der Universitätsprofessoren sind enthalten in dem Allerhöchsten Erlasse vom 20. Mai 1889[1]). Seit 1897/98 traten erhebliche Erhöhungen ein.

Die Hinterbliebenen eines Professors, der eine mit Besoldung

[1]) Central-Blatt für die gesamte Unterrichts-Verwaltung in Preußen, Erg. Heft, 1890, S. 3.

aus der Kasse der Universität verbundene Stelle bekleidet hat, erhalten hiernach folgende Versorgung:

1. an Witwengeld

die Witwe eines ordentlichen Professors . .	1650 Mk.,
die Witwe eines außerordentlichen Professors	1300 Mk.;

2. an Waisengeld

eine Ganzwaise	720 Mk.,
jede weitere Ganzwaise	480 Mk.,
eine Halbwaise	480 Mk.,
jede weitere Halbwaise	300 Mk.

Die bisher von den Mitgliedern für die Kassen entrichteten Beiträge fallen fort. Die Leistungen der Kassen werden aus den Erträgen ihres Vermögens und, soweit diese nicht ausreichen, aus Zuschüssen des Staates bestritten. Für die Professoren der Akademie zu Münster und des Lyceum Hosianum zu Braunsberg, an denen bisher keine besonderen Kassen bestanden hatten, werden die Leistungen einfach auf Staatsfonds übernommen. Soweit der auf 160000 Mk. jährlich veranschlagte Staatszuschuß zur Deckung der Verpflichtungen der Kassen nicht erforderlich ist, sollen die Überschüsse den bestehenden Kassen zur Verstärkung ihres Vermögens überwiesen werden.

Um ihre Einrichtungen mit den Vorschriften dieses Erlasses in Übereinstimmung zu bringen, haben die sämtlichen Professoren-Witwen- und Waisen-Versorgungs-Anstalten an den neun Universitäten in besonderen Generalversammlungen ihre Statuten revidiert[1]).

Die Mitgliedschaft der Kassen ist nunmehr auf die Professoren beschränkt, die eine mit Besoldung aus der Kasse der Universität verbundene Stelle bekleiden. Sie sind kraft ihrer Anstellung von Rechtswegen Mitglieder. Andere zur Zeit des Inkrafttretens der neuen Statuten bereits vorhandene Mitglieder, welche Gehalt aus der Universitätskasse nicht beziehen, behalten jedoch ihre Mitgliedsrechte für die Dauer ihrer Verbindung mit der Universität.

Die Leistungen der Kassen werden nach Maßgabe des Erlasses vom 20. Mai 1889 festgesetzt.

Besonderer Vorbehalte bedurfte es dabei bezüglich derjenigen Witwen, die erheblich jünger sind als der verstorbene Ehemann. War die Witwe mehr als fünfzehn Jahre jünger als der Verstorbene,

---

[1]) Abdruck der Statuten a. a. O. S. 4ff.

so wird das Witwengeld für jedes angefangene Jahr des Altersunterschiedes über fünfzehn bis einschließlich fünfundzwanzig Jahre um ein Zwanzigstel gekürzt. Keinen Anspruch auf Witwengeld hat die Witwe, wenn die Ehe mit dem Verstorbenen innerhalb dreier Monate vor seinem Ableben geschlossen ist, und der Unterrichtsminister auf Grund nachgewiesener Thatsachen zu der Überzeugung gelangt, daß die Eheschließung nur zu dem Zwecke erfolgt ist, um der Witwe den Bezug des Witwengeldes zu verschaffen.

Die Zahlung des Witwen- und Waisengeldes beginnt mit dem Ablaufe der Gnadenzeit und erfolgt monatlich im voraus. Der Anspruch erlischt: 1. für jeden Berechtigten mit dem Ablaufe des Monats, in welchem er sich verheiratet oder stirbt, 2. für jede Waise außerdem mit Ablauf des Monats, in dem sie das 21. Lebensjahr vollendet. Der Anspruch ruht: 1. wenn der Berechtigte das deutsche Indigenat verliert bis zu dessen etwaiger Wiedererlangung, 2. wenn und so lange dem Berechtigten ein Anspruch auf Witwen- und Waisengeld auf Grund des Reichsgesetzes vom 20. April 1881 oder des preußischen Gesetzes vom 20. Mai 1882 zusteht, in Höhe des Betrages dieses Witwen- und Waisengeldes.

Die Erhebung von Beiträgen seitens der Mitgieder findet im allgemeinen nicht mehr statt. Eine Ausnahmestellung nehmen nur diejenigen Mitglieder ein, welche ein besoldetes Reichs- oder Staatsamt mit Pensionsberechtigung bekleiden, daneben aber unbesoldete Professoren sind. Solche können in Zukunft überhaupt nicht mehr Mitglieder der Kassen werden, ihre bestehenden Mitgliedschaftsrechte bleiben aber unberührt. Ihre Hinterbliebenen beziehen daher gleichzeitig die Leistungen der reichs- und landesgesetzlichen Witwen- und Waisenversorgung wie die der Universitäts-Versorgungsanstalten. Dafür sind diese Mitglieder aber auch von den Beiträgen an die Universitätsanstalten nicht befreit.

Besondere Übergangsbestimmungen erwiesen sich erforderlich für diejenigen Mitglieder, die für ihre künftigen Hinterbliebenen bereits Ansprüche auf Grund der älteren Statuten erworben hatten. Ihnen ist ein Wahlrecht eingeräumt zwischen den älteren erworbenen Ansprüchen und der neu begründeten Versorgung.

Im übrigen sind die Kassen als besondere Anstalten mit Korporationsrechten bestehen geblieben. An die Stelle der bisherigen Beiträge treten nunmehr die Staatszuschüsse. Die Selbstverwaltung der Anstalt wird nach Maßgabe der Statuten durch Mitglieder der Universität geführt.

§ 10. Endigung des Amts- und Dienstverhältnisses.

Nach § 96 des Gesetzes vom 21. Juli 1852 sollen dessen §§ 87 bis 95 auf Universitätslehrer keine Anwendung finden. Dies bezieht sich auf die Versetzung außerhalb des Disciplinarverfahrens und die Pensionierung.

Universitätsprofessoren können hiernach gegen ihren Willen grundsätzlich nicht versetzt werden. Sie unterscheiden sich hierdurch von allen anderen Verwaltungsbeamten des unmittelbaren Staatsdienstes und stehen den richterlichen Beamten gleich.

Der Grundsatz der Unversetzbarkeit ohne Zustimmung des Beamten leidet aber wie für die Richter so auch für die Universitätsprofessoren eine Ausnahme im Falle des Disciplinarverfahrens. Die Strafversetzung in ein anderes Amt von gleichem Range, jedoch mit Verminderung des Einkommens und Verlust der Umzugskosten oder mit einem von beiden Nachteilen bleibt zulässig. Denn von der Anwendbarkeit des § 16 des Gesetzes vom 21. Juli 1852, wo sie geregelt wird, sind die Professoren nicht ausgenommen. An der formellen Zulässigkeit der Strafversetzung kann also nicht gezweifelt werden. Trotzdem werden gegen sie erhebliche Bedenken erhoben.

Diese Bedenken richten sich zum Teil gegen die Strafversetzung überhaupt. Es wird hingewiesen auf die peinliche Stellung, die der versetzte Professor an der neuen Universität einnehmen müsse. Dasselbe gilt aber auch von jedem anderen Beamten. Die Strafversetzung ist deshalb vom gesetzgeberischen Standpunkte keine ganz einwandfreie Einrichtung. So lange sie aber besteht, kann die Lage, in die der versetzte Beamte gebracht wird, nicht als Rechtsgrund gegen ihre Zulässigkeit angeführt werden.

Von größerem Gewichte sind die Bedenken, die aus dem sogenannten Vorschlagsrechte der Fakultäten entnommen werden. Statutenmäßig haben fast durchweg die Fakultäten das Recht, zur Wiederbesetzung erledigter ordentlichen Professuren Vorschläge zu machen, was die Verwaltungspraxis auch auf erledigte außerordentliche Professuren ausdehnt. Allein diese Vorschläge sind für das Ministerium in keiner Weise bindend. Und überdies ist nicht abzusehen, weshalb eine Fakultät nicht gerade den zur Strafversetzung verurteilten Professor vorschlagen sollte. Wird es sich doch meist um die Versetzung von einer größeren an eine kleinere Universität handeln, wobei sich der letzteren unter Umständen die Möglichkeit bietet, eine hervorragende wissenschaftliche Kraft zu gewinnen, die sie sonst nicht erlangen kann. Und der Grund der Strafversetzung wird regelmäßig ein Konflikt mit dem Ministerium oder der Regierung sein, der in gewissen Kreisen geradezu als Empfehlung dient. Die Strafversetzung tritt daher mit dem sogenannten Vorschlagsrechte nirgends in Widerspruch.

Die Stellung zur Disposition kommt für Universitätsprofessoren nicht in Betracht.

Dagegen findet die Suspension in demselben Umfange wie für andere Beamte nach Maßgabe des § 48 des Gesetzes vom 21. Juli 1852 statt.

Die Suspension tritt kraft Gesetzes ein:

1. wenn in dem gerichtlichen Strafverfahren die Verhaftung des Beamten beschlossen, oder gegen ihn ein noch nicht rechtskräftig gewordenes Urteil erlassen ist, welches auf den Verlust des Amtes lautet oder diesen nach sich zieht;

2. wenn im Disciplinarverfahren eine noch nicht rechtskräftige Entscheidung erlassen ist, welche auf Dienstentlassung lautet.

Im ersteren Falle dauert die Suspension bis zum Ablaufe des zehnten Tages nach Wiederaufhebung des Verhaftungsbeschlusses oder nach eingetretener Rechtskraft desjenigen Urteils höherer Instanz, durch welches der angeschuldigte Beamte zu einer anderen Strafe als der bezeichneten verurteilt wird, bei einer Verurteilung zu Freiheitsstrafe bis zur Vollstreckung des Urteils. In dem zweiten Falle bleibt der Beamte suspendiert vom Erlasse des Urteils an bis zur Rechtskraft der in der Disciplinarsache ergehenden Entscheidung.

Außerdem kann die Amtssuspension von der zur Einleitung der Disciplinaruntersuchung ermächtigten Behörde von Amtswegen nach Vernehmung der Staatsanwaltschaft oder auf deren Antrag verfügt werden, wenn gegen den Beamten ein gerichtliches Strafverfahren eingeleitet, oder die Einleitung der Disciplinaruntersuchung angeordnet wird, oder auch demnächst im ganzen Laufe des Verfahrens.

Die Gehaltsbezüge des Beamten werden während der Dauer der Suspension beschränkt. Nur in zwei Fällen soll eine Gehaltsverminderung nicht eintreten, bei der Suspension zur Vollstreckung einer

Freiheitsstrafe, wenn die Vollstreckung des Urteils ohne Schuld des Verurteilten aufgehalten oder unterbrochen wird, für die Dauer des Aufenthalts oder der Unterbrechung und ferner für die zehn Tage nach Aufhebung des Haftbeschlusses, wenn nicht vor deren Ablauf die Suspension vom Amte im Wege des Disciplinarverfahrens beschlossen wird. Im übrigen behält der suspendierte Beamte während der Suspension nur die Hälfte seines Diensteinkommens, ohne daß bei der Berechnung die für Dienstunkosten besonders angesetzten Beträge berücksichtigt würden. Der einbehaltene Teil des Diensteinkommens ist zu den Stellvertretungskosten, der etwaige Rest zu den Untersuchungskosten zu verwenden. Einen weiteren Beitrag zu den Stellvertretungskosten braucht der Beamte nicht zu zahlen. Die endgiltige Verfügung über das einbehaltene Gehalt wird in verschiedener Weise nach Erledigung des Suspensionsgrundes getroffen. Hat das Verfahren die Entfernung aus dem Amte zur Folge gehabt, so wird der zu den Kosten nicht verwendete Teil des Einkommens dem Beamten nicht nachgezahlt. Bei der Belegung des Beamten mit einer Ordnungsstrafe ist der zurückbehaltene Teil ohne Abzug der Stellvertretungskosten nachzuzahlen, sofern er nicht zur Deckung der Untersuchungskosten und der Ordnungsstrafe erforderlich ist. Die Freisprechung des Beamten endlich hat die vollständige Nachzahlung des einbehaltenen Diensteinkommens zur Folge (§§ 49ff. des Gesetzes vom 21. Juli 1852).

Nicht richterlichen Beamten kann bei Gefahr im Verzuge auch von solchen Vorgesetzten, die eine Suspension zu verfügen nicht berechtigt sind, die Ausübung der Amtsverrichtungen vorläufig untersagt werden (§ 54 des Ges. vom 21. Juli 1852). Für den Professor kommen jedoch solche Vorgesetzte nicht in Frage.

Bei einer längeren Dauer der Suspension, welche die Erledigung der Vorlesungen eines Semesters hindert, ergiebt sich für den Professor der weitere, in der Natur der Sache liegende Vermögensnachteil des Verlustes des Kollegienhonorars.

Da die Bestimmungen über die Pensionierung auf die Universitätsprofessoren keine Anwendung finden, so fehlt es an gesetzlichen Vorschriften nach dieser Richtung überhaupt. Danach würde an Professoren, soweit ihnen nicht bei der Anstellung besondere Zusicherungen gemacht sind, eine Pensionsbewilligung nur mit Genehmigung des Königs erfolgen können. Thatsächlich schlägt man einen anderen Weg ein. Der Professor bezieht, so lange er lebt, sein volles Gehalt weiter. Er wird jedoch auf seinen Antrag, wenn er sich dienstunfähig fühlt, vom Halten von Vorlesungen entbunden. Ist dieser Antrag gewährt worden, oder erscheint der Professor sonst nicht mehr im vollen Umfange leistungsfähig, so wird eine künftig fortfallende Ersatzprofessur errichtet, deren Inhaber mit dem Tode des dienstunfähigen Professors ohne weiteres in seine Stelle einrückt.

Schließlich kann das Beamtenverhältnis des Professors vollständig gelöst werden.

Eine solche Lösung tritt ein:

1. Durch den Tod.

2. Die Verurteilung des Beamten durch rechtskräftiges richterliches Erkenntnis zu Zuchthausstrafe oder anderer Freiheitsstrafe von mehr als einjähriger Dauer, die rechtskräftige Aberkennung der bürgerlichen Ehrenrechte oder der Fähigkeit zur Bekleidung öffentlicher Ämter oder der bekleideten öffentlichen Ämter, wie die Stellung unter Polizeiaufsicht lösen das Dienstverhältnis des Beamten von Rechtswegen, ohne daß es eines weiteren Staatsaktes bedarf (StrGB. §§ 31, 33, 35, 36, 81, 83, 84, 87—91, 94, 95, 358, § 7 des Ges. vom 21. Juli 1852).

3. Die Entlassung aus dem Staatsdienste auf Antrag des Beamten versetzt diesen in den Zustand zurück, in dem er sich vor Eintritt in den Staatsdienst befand. Dem Antrage eines Beamten auf Entlassung soll stattgegeben werden, sofern aus der Entlassung nicht ein erheblicher Nachteil für das gemeine Beste zu besorgen ist (§ 95 II, 10 A. L.-R.).

4. Ohne Antrag ist die Entlassung des fest angestellten Beamten und somit auch des Professors nur im förmlichen Disciplinarverfahren zulässig.

Kap. II. Die Privatdozenten[1].

§ 11. Die Rechtsquellen.

Die Privatdozenten sind — das muß als das Ergebnis der späteren Untersuchungen hier vorweg genommen werden — keine Beamten, sondern üben im Anschlusse an die Universität eine freie Lehrthätigkeit aus.

Hieraus folgt zunächst, daß die Rechtsnormen, welche für das Beamtentum überhaupt und damit auch für die Professoren der Universitäten gelten, grundsätzlich auf die Privatdozenten keine Anwendung finden.

Die rechtliche Stellung der Privatdozenten beruht daher im wesentlichen auf dem sogenannten Statutarrechte, den Universitätsstatuten, welche ihrer rechtlichen Natur nach königliche Verordnungen sind, und den Fakultätsstatuten, welche ministerielle Regulative zur Ausführung jener Verordnungen bilden[2]. Daneben kam das Gewohnheitsrecht in Betracht, wie es sich zum Teil an allen deutschen Universitäten übereinstimmend, zum Teil nach Universitäten wie nach Fakultäten derselben Universität verschieden entwickelt hatte.

---

[1]) Vgl. Hinschius, Die Disciplin über die Privatdozenten an den preußischen Universitäten im Centralblatt für die gesamte Unterrichtsverwaltung in Preußen, Berlin 1895, S. 752 ff.; Daube, Die Rechtsverhältnisse der Privatdozenten, Berlin 1896; Jastrow, Die Stellung der Privatdozenten, Berlin 1896; Penzig, Die Stellung der Privatdozenten in der Wochenschrift „Ethische Kultur" 1898, S. 97 ff. Sämtliche Schriften sind durch den Fall Arons veranlaßt.

[2]) Vgl. die weiteren Ausführungen über das Statutarrecht in § 5.

Die Bedeutung der statutarischen Bestimmungen war aber vielfach bestritten, ihre Tragweite ungewiß. Das zeigte sich besonders aus Anlaß des bekannten Falles Arons. Zur Beseitigung dieser Rechtsunsicherheit erschien eine gesetzliche Regelung des Disciplinarrechtes wünschenswert. So erging das Gesetz vom 17. Juni 1898 betreffend die Disciplinarverhältnisse der Privatdozenten an den Landesuniversitäten, der Akademie zu Münster und dem Lyceum Hosianum zu Braunsberg (G.S. 1898, S. 125).

Dieses Gesetz regelt aber die Disciplinarverhältnisse der Privatdozenten nicht vollständig, sondern nimmt auf das Gesetz vom 21. Juli 1852, betreffend die Dienstvergehen der nicht richterlichen Beamten ꝛc., §§ 3—7, 13, 18, 22—24, 27—30, 32—46, 48—50 und 54 mit den aus dem Gesetze vom 9. April 1879, betreffend die Abänderung von Bestimmungen der Disciplinargesetze sich ergebenden Abänderungen Bezug. Damit werden die sonst nur für Beamte geltenden Rechtssätze über die Konkurrenz eines Disciplinarvergehens mit einer strafbaren Handlung, über den Gang des Disciplinarverfahrens und über die Suspension auf die Privatdozenten, also auf Nichtbeamte übertragen. Auf diesem Umwege findet denn ein Teil der für das Beamtentum geltenden Rechtsnormen auch auf die Privatdozenten Anwendung.

§ 12. Die Begründung der Stellung als Privatdozent.

Der Privatdozent ist nicht Beamter, sondern übt eine freie Lehrthätigkeit ohne amtliche Verpflichtung aus. Er erhält daher auch keine Bestallung als Beamter. Wohl aber ist die Zulassung zur Lehrthätigkeit abhängig von der vorherigen Habilitation.

Die Habilitation setzt zunächst voraus den rite erfolgten Erwerb des Doktorgrades derjenigen Fakultät, in der die Habilitation erfolgen soll, auf einer deutschen Universität. Nach den meisten Statuten muß diese deutsche Universität eine innerhalb des preußischen Staates belegene sein. In letzterem Falle genügt aber auch der außerpreußische Doktorgrad, wenn der Inhaber bereits an einer anderen Universität Privatdozent war, oder das Ministerium von dem Erfordernisse dispensiert, oder die Fakultät die Nostrifikation erteilt hat. In der theologischen Fakultät genügt statt des Doktorgrades derjenige des Licentiaten.

Zwischen der Beendigung des Universitätsstudiums und der Habilitation muß ferner ein gewisser Zeitraum liegen. Diese Zeit ist nach den Statuten verschieden bestimmt, sie schwankt von zwei bis zu fünf Jahren. Für diese Zeit ist der Nachweis wissenschaftlicher oder praktischer Beschäftigung zu führen.

Zur Habilitation in der medizinischen Fakultät ist ferner die vorher erfolgte Approbation als praktischer Arzt erforderlich.

Ein bestimmtes religiöses Bekenntnis wird grundsätzlich außerhalb der theologischen Fakultäten nicht mehr erfordert. Die statutarischen Bestimmungen, welche dieses Erfordernis aufstellten, sind zum großen Teile ausdrücklich aufgehoben und haben daher nur noch eine geschichtliche Bedeutung. Aber auch soweit dies nicht geschehen ist, wie bezüglich des § 4 der Statuten der Universität Halle-Wittenberg, muß die Forderung eines bestimmten Bekenntnisses als durch Art. 12 der Verfassungsurkunde und das Bundesgesetz vom 3. Juli 1869 aufgehoben erachtet werden. Es bedarf daher auch in diesem Falle keiner königlichen Dispensation mehr[1]).

Der Habilitation von Nichtpreußen und Ausländern steht nichts Wege. Da die Habilitation kein Beamtenverhältnis begründet, wird aber auch durch sie die Aufnahme in den inländischen Staatsverband nicht bewirkt.

Beamte bedürfen zur Habilitation die Genehmigung des ihnen vorgesetzten Ministeriums. Denn die Thätigkeit als Privatdozent ist als eine entgeltliche Nebenbeschäftigung zu betrachten. Für diese bedarf es aber, soweit es sich um preußische Beamte handelt, nach der Allerhöchsten Kabinettsordre vom 13. Juli 1839 (G.S. 1839, S. 235) der vorgängigen Genehmigung des zuständigen Ministers, bei Reichsbeamten nach § 16 des Reichsbeamtengesetzes vom 31. März 1873 der obersten Reichsbehörde. Die erteilte Genehmigung ist jederzeit widerruflich. Nach den Berliner Statuten der theologischen Fakultät § 55 und der philosophischen § 53 ist die Einholung der ministeriellen Genehmigung bezüglich der Gymnasiallehrer, welche sich habilitieren wollen, für eine Verpflichtung der Fakultät erklärt worden. Im übrigen hat nach dem Ministerialerlasse vom 25. September 1890 jeder Gymnasiallehrer durch Vermittelung seines Direktors die Genehmigung des zuständigen Provinzialschulkollegiums zur Habilitation nachzusuchen. Damit ist für Gymnasiallehrer eine weitere ministerielle Genehmigung gegenstandslos geworden, und das Genehmigungsrecht des Ministers bezüglich ihrer auf das Provinzialschulkollegium delegiert.

---

[1]) A. A. Daude a. a. O. S. 5, sowie die Praxis des Ministeriums.

In den katholisch-theologischen Fakultäten ist zur Habilitation die Genehmigung des zuständigen bischöflichen oder erzbischöflichen Stuhles erforderlich.

Deutsche Reichsangehörige müssen den Nachweis führen, daß sie ihrer Militärpflicht genügt haben oder von dieser befreit sind.

Eine Genehmigung des Universitätskuratoriums wird jetzt, nachdem die Obliegenheiten des außerordentlichen Regierungsbevollmächtigten nach Maßgabe des Bundestagsbeschlusses vom 20. September 1849 zufolge der Cirkularverfügung vom 18. Juli 1848 erloschen sind, grundsätzlich nicht mehr erfordert. Nur soweit das Erfordernis der Genehmigung in die Statuten der einzelnen Fakultäten übergegangen ist, hat es dabei, wie der Ministerialerlaß an den Universitätskurator zu Breslau vom 6. November 1863 hervorhebt, sein Bewenden. Der Genehmigung des Ministers bedarf es statutarisch in Münster und Braunsberg.

Als Habilitationsleistungen werden statutenmäßig in der Regel erfordert:

1. eine wissenschaftliche Abhandlung aus dem Fache, für welches der Bewerber sich zu habilitieren wünscht, bei Nachsuchung der Zulassung für mehrere Fächer eine besondere Abhandlung für jedes einzelne Fach, die Benutzung der Doktor-Dissertation als Habilitationsschrift ist meist ausdrücklich ausgeschlossen;

2. eine Probevorlesung vor versammelter Fakultät über ein von der Fakultät unter mehreren vom Bewerber vorgeschlagenen ausgewähltes oder von ihr selbst gestelltes Thema und ein sich hieran anschließendes Kolloquium;

3. eine öffentliche Vorlesung über ein vom Bewerber mit Zustimmung der Fakultät gewähltes Thema.

Von den Habilitationsleistungen können wissenschaftlich bewährte Personen durch die Fakultät oder das Ministerium allein oder durch die Fakultät mit Genehmigung des Ministeriums entbunden werden.

Bei gleichzeitiger Promotion und Habilitation ist nach einzelnen Statuten eine Vereinfachung des Verfahrens zulässig.

Über die Zulassung des Bewerbers als Privatdozent entscheidet die Fakultät nach freiem pflichtmäßigen Ermessen. Eine ziffermäßige Beschränkung der Zahl ist dabei statutarisch nur vereinzelt vorgesehen.

Von der erfolgten Habilitation erhält das Ministerium Anzeige, welche von der Fakultät durch Vermittlung des Kurators zu erstatten ist. Kraft seines allgemeinen Aufsichtsrechtes würde dabei das Ministerium für befugt zu erachten sein, gegen eine erfolgte Habilitation einzuschreiten und sie rückgängig zu machen, auch wo eine besondere Genehmigung nicht erfordert wird. Dagegen hat der zurückgewiesene Bewerber keine Beschwerde an das Ministerium. Denn dieses kann weder in einem Falle, wo das freie Ermessen der Fakultät zu entscheiden hat, diese mit Anweisungen versehen noch auch, da es sich um eine genossenschaftliche Befugnis der Fakultät handelt, an deren Stelle den Bewerber zulassen.

Die Habilitationsgebühren betragen in der Regel 25 Thlr. Gold. Sie fallen ganz oder teilweise fort für diejenigen, die in derselben Fakultät den Doktorgrad erworben haben, ganz für Söhne und Brüder von Professoren und gewissen Universitätsbeamten.

Vereinzelt wird dem Privatdozenten nach seiner Zulassung ein Ausweis über die erfolgte Habilitation erteilt. Dieser Ausweis ist aber ohne jede rechtliche Bedeutung, hat insbesondere nicht den Charakter einer Bestallung.

Die Zulassung des Privatdozenten ist zeitlich unbeschränkt. Nur in Göttingen wird die venia legendi zunächst bloß vorläufig auf ein oder zwei Jahre erteilt. Erst die nach Ablauf dieses Zeitraumes erteilte endgiltige venia legendi ist zeitlich unbeschränkt.

Mit der Habilitation ist die Eigenschaft des Privatdozenten begründet, der dadurch in den Lehrkörper der Universität als nicht beamtetes Mitglied eintritt.

Will der Privatdozent später seine Lehrthätigkeit auf andere als durch die ursprüngliche Venia legendi zugelassene Gebiete ausdehnen, so bedarf es, soweit die Fakultät nicht davon entbindet, der Einreichung einer neuen Habilitationsschrift für das weitere Gebiet. Auf Grund dieser neuen wissenschaftlichen Arbeit entscheidet die Fakultät, ob dem Privatdozenten die Erweiterung der Lehrerlaubnis zu erteilen ist. Eines nochmaligen Kolloquiums und weiterer Gebührenzahlungen bedarf es dabei nicht.

Eine Vereidigung des Privatdozenten findet mangels der Beamteneigenschaft nicht statt.

§ 13. Die Rechtsstellung der Privatdozenten.

Nach § 73 II, 12 A. L.-R. genießen alle sowohl ordentliche als außerordentliche Professoren, Lehrer und Offizianten auf Universitäten die Rechte der königlichen Beamten. Unter den Lehrern sind jedoch hier nur die Exercitienmeister, nicht die Privatdozenten zu verstehen, da bezüglich ihrer kein Beamtenverhältnis begründet ist. Die Praxis während des ganzen 19. Jahrhunderts hat darüber, daß den Privatdozenten die Beamteneigenschaft abgeht, niemals Zweifel gehegt. Der Ministerialerlaß an den Universitätskurator zu Breslau vom 21. Juni 1853 erklärt denn auch ausdrücklich den § 73 II, 13 A. L.-R. nicht für anwendbar auf die Privatdozenten.

Die Stellung des Privatdozenten ist eine zweiseitige entsprechend dem doppelten Charakter der Universität. Diese ist eine korporative Gemeinschaft, aber gleichzeitig eine staatliche Veranstaltung. Das Privatdozententum ruht wesentlich auf der genossenschaftlichen Grundlage, da dem Privatdozenten jeder Beamtencharakter abgeht. Aber aus dem Umstande, daß der Privatdozent ohne amtliche Stellung gleichwohl an einer staatlichen Veranstaltung thätig ist, ergiebt sich doch ein eigentümlicher Kreis von Pflichten und Rechten, wodurch der Privatdozent über die Stellung eines gewöhnlichen Privatmannes herausgehoben wird.

Da die Privatdozenten nicht Beamte sind, liegt ihnen auch keine Verpflichtung zu amtlicher Thätigkeit ob. Durch die Habilitation haben sie die Venia legendi, die Berechtigung zur Abhaltung von Vorlesungen, erlangt, aber sie sind zu keinerlei Lehrthätigkeit verpflichtet. Die Statuten sehen nur vor, daß ein Privatdozent, der trotz erfolgter Aufforderung mehr als zwei Semester nach einander keine Vorlesungen anzeigt, aus der Liste der Privatdozenten gestrichen wird. Das ist aber kein weiterer Rechtsnachteil, sondern geschieht nur auf Grund der Vermutung, daß der Privatdozent seine Lehrthätigkeit einstellen wolle. Er selbst kann diese Vermutung jederzeit widerlegen, indem er aus freien Stücken wieder Vorlesungen anzeigt. Sobald er dies thut, und mögen seit der Streichung Jahrzehnte vergangen sein, ist der Privatdozent wieder als solcher anzuerkennen, und seine Vorlesungen finden Aufnahme in den Katalog. Die Eigenschaft als Privatdozent ist also gewissermaßen ein Character indelebilis, der, abgesehen von den Fällen des freiwilligen Verzichts und der disciplinaren Entziehung, wohl ruhen, aber nie erlöschen kann.

Andererseits sind die Vorlesungen und Übungen, die der Privatdozent hält, als solche an einer staatlichen Veranstaltung denen der beamteten Lehrer rechtlich gleichwertig. Seine Testate genießen den gleichen öffentlichen Glauben, die von ihm testierten Vorlesungen finden Aufnahme in das Abgangszeugnis des Studenten, dieser genügt seiner Verpflichtung, während des Semesters mindestens eine Privatvorlesung zu belegen, auch durch Annahme einer solchen bei einem Privatdozenten, der vor der Zulassung eines Kandidaten zum Examen zu prüfende ordnungsmäßige Studiengang gilt als festgestellt, selbst wenn der Kandidat während seiner ganzen Studienzeit nur bei Privatdozenten Vorlesungen gehört haben sollte. Es ist nur ein äußerlicher Unterschied ohne praktische Bedeutung, daß der Privatdozent, da er nicht von Staatswegen als öffentlicher Lehrer bestellt ist, die Vorlesungen, die er ohne Honorarleistung der Zuhörer zu halten beabsichtigt, nicht wie die Professoren als öffentliche, sondern nur als unentgeltliche anzukündigen berechtigt ist.

Für seine Lehrthätigkeit stehen den Privatdozenten auch die Mittel der staatlichen Veranstaltung in gleicher Weise zur Verfügung wie den Professoren. Sie können die Räume der Universität benutzen, wobei der Staat für Heizung und Beleuchtung ohne finanzielle Belastung des Privatdozenten sorgt. Für Annahme der Vorlesungen und Einziehung der Honorare tritt die Quästur in gleicher Weise bei Professoren wie bei Privatdozenten in Thätigkeit. Ebenso stehen ihnen die Lehrmittel der Universität zur Verfügung.

Der formelle Lehrbetrieb des Privatdozenten erscheint im Vergleiche mit dem des Professors nur nach zwei Richtungen statutarisch beschränkt. Dem Privatdozenten ist regelmäßig nicht gestattet, eine Vorlesung über einen Gegenstand, über welchen ein Professor eine Privatvorlesung angekündigt hat, in demselben Semester unentgeltlich zu halten. Außerdem darf der Privatdozent, damit die Einhaltung der in seiner Venia legendi enthaltenen Beschränkung auf ein bestimmtes Fach kontrolliert wird, keine Anzeigen von Vorlesungen an das schwarze Brett anschlagen lassen, die nicht von dem Dekan der Fakultät geprüft und mit seinem Vidi und seiner Namensunterschrift versehen sind.

Bei Ausübung seiner Lehrthätigkeit hat sich der Privatdozent der verfassungsmäßigen Lehrfreiheit in demselben Umfange zu erfreuen wie die Professoren. Form und Inhalt der wissenschaftlichen Lehre bleiben von jeder höheren Einwirkung frei. Selbst wenn ein Privatdozent der Staatswissenschaften in seinen Vorlesungen die Lehren des Anarchismus vortragen würde, bliebe, so lange er nicht zu strafbaren Handlungen auffordert oder solche billigt, jedes disciplinare Einschreiten ausgeschlossen.

Nicht gedeckt durch die verfassungsmäßige Lehrfreiheit werden dagegen Ausschreitungen, die gelegentlich der Lehrthätigkeit begangen werden. Dahin gehören nicht nur strafbare Handlungen, sondern auch anderweite Verstöße, die mit den Pflichten des akademischen Lehrers unvereinbar sind. Aber auch außerhalb seines Berufes soll sich der Privatdozent so verhalten, wie es die Achtung, das Ansehen und das Vertrauen, die seine Stellung erfordern, verlangt. Wann ein Verstoß gegen die Verpflichtung vorliegt, ist im wesentlichen Thatfrage. In dem Falle Arons[1]) hat das Staatsministerium als Berufungsinstanz durch Urteil vom 18. November 1899 im Gegensatze zu der Entscheidung der philosophischen Fakultät zu Berlin vom 22. Juli 1899 ausgesprochen, daß die Bethätigung sozialdemokratischer Gesinnung mit der Stellung des akademischen Lehrers unvereinbar ist.

An sich sind die Privatdozenten nur das nicht beamtete, aus genossenschaftlicher Selbstergänzung hervorgegangene Element des Lehrkörpers. Das kann eine dauernd befriedigende Lebensstellung sein. Dem Staate bietet der Bestand dieses genossenschaftlichen Elementes aber den Vorteil, in ihm eine Pflanzschule für die beamteten Lehrer zu besitzen und aus ihm die Professuren besetzen zu können. Damit wird das Privatdozententum vielfach, wozu seine rechtliche Grundlage gar keinen Anlaß bietet, Durchgangsstadium zur Professur. Die Privatdozenten erscheinen als Anwärter, die bei der ersten passenden Gelegenheit eine Professur erhalten. Bis in die neuere Zeit wurden denn auch, selbst ohne daß eine etatsmäßige Stelle erledigt war, Privatdozenten, die sich wissenschaftlich oder als Lehrer bewährt hatten, ohne weiteres zu außerordentlichen Professoren ohne Gehalt ernannt. Dem entsprechend lassen auch die meisten Fakultätsstatuten Gesuche der Privatdozenten um Beförderung, jedoch nicht vor Ablauf von drei Jahren seit erfolgter Habilitation, zu. Diese Gesuche sind bei der Fakultät und von dieser mittels Berichts an das Ministerium einzureichen. Die neueste Verwaltungspraxis des Ministeriums geht dahin, zu außerordentlichen Professoren nur solche Privatdozenten zu befördern, für welche eine etatsmäßige Stelle

---

[1]) Vergl. Die Aktenstücke des Disciplinarverfahrens gegen den Privatdozenten Dr. Arons, Berlin 1900.

mit Gehalt offen ist, oder welche in anderweiter Lebensstellung ein festes Gehalt beziehen. Die anderen Privatdozenten erhalten statt der früher üblichen Professur ohne Gehalt nur den Professortitel, bleiben aber Privatdozenten und werden auch nur als solche im Vorlesungsverzeichnisse aufgeführt. Das Privatdozententum ist aber keineswegs bloß Durchgangsstadium zur Professur, so daß die Privatdozenten, die nicht Professoren werden, ihren Beruf verfehlt hätten. Es bleibt vielfach dauernder Lebensberuf. Das gilt besonders von den solche Fächer und Richtungen vertretenden Privatdozenten, die außerhalb des bisher üblichen Lehrstoffs stehen oder in der Fakultät oder im Ministerium nicht sympathisch sind. Insofern bildet die Lehrthätigkeit der Privatdozenten eine wertvolle Ergänzung derjenigen der beamteten Lehrer.

Da die Privatdozenten nicht Beamte sind, können sie selbstverständlich auch kein Gehalt beziehen. Sie sind auf das Vorlesungshonorar angewiesen, das nach denselben Grundsätzen bemessen wird wie für die Professoren.

Zur Unterstützung mittelloser Privatdozenten bestehen besondere, vom Ministerium nach freiem Ermessen verleihbare Privatdozenten-Stipendien. Abgesehen von besonderen Fonds wurden in den Staatshaushaltsetat von 1875 und folgenden 54000 Mark zu Stipendien für Privatdozenten und andere jüngere, für die Universitätslaufbahn voraussichtlich geeignete Gelehrte eingestellt. Nach dem Ministerialerlasse vom 24. April 1875[1]) sollte bei der Verleihung an Privatdozenten regelmäßig eine Mitwirkung der betreffenden Fakultät stattfinden. Voraussetzung der Verleihung war finanziell beschränkte Lage und die sichere Erwartung, der Privatdozent werde sich durch seine Leistungen als Schriftsteller und Lehrer die Professur erwerben. Die einzelnen Stipendien, deren Höchstbetrag auf 1500 Mk. bemessen war, sollten regelmäßig nur auf 1—2 Jahre erteilt werden. Eine Verlängerung war statthaft mit der Maßgabe, daß ein Stipendiat höchstens vier Jahre im Genusse blieb. Dieser Stipendien-Fonds wurde durch den Staatshaushaltsetat von 1884/85 auf jährlich 60000 Mark erhöht. Das Etatsgesetz änderte dabei, wie der Ministerialerlaß vom 23. Juli 1884[2]) ausdrücklich hervorhob, den

---

[1]) Central-Bl. f. die ges. Unterr.-Verw. 1875, S. 308.
[2]) A. a. O. S. 518.

zulässigen Höchstbetrag des einzelnen Stipendiums dahin ab, daß es nunmehr bis zu 6000 Mark gehen konnte.

Der Mangel der Beamteneigenschaft schließt auch eine Reliktenversorgung für die Hinterbliebenen der Privatdozenten aus. An einzelnen Universitäten, wie Berlin, Breslau, Königsberg und Marburg, ist es ihnen jedoch gestattet, die Mitgliedschaft der an diesen Universitäten bestehenden Hilfskassen zu erwerben, welche den Hinterbliebenen der Dozenten und Beamten im Falle der Bedürftigkeit Unterstützungen gewähren. Nach den Statuten der betreffenden Kassen ist die Mitgliedschaft durch Zahlung eines vierteljährlich im voraus zu entrichtenden Jahresbetrages von 3—5 Mk. oder durch einmalige Zahlung von 100—250 Mk. zu erwerben. Die Unterstützungen werden vom Vorstande an die Witwe, Söhne und Töchter und andere nähere Verwandte, welche in dem Verstorbenen ihren Ernährer verloren haben, als einmalige oder fortlaufende, letztere für höchstens drei Jahre, unbeschadet der Möglichkeit der Wiederverleihung, bewilligt.

Obgleich die Privatdozenten keine Residenzpflicht als Beamte haben, sind sie doch nach dem Ministerialerlasse vom 23. April 1890 zum Wohnen am Universitätsorte verpflichtet, indem dies unter gewöhnlichen Verhältnissen, als stillschweigende Voraussetzung ihrer Zulassung anzusehen ist. Dispensation von der Aufenthaltsverpflichtung kann nach dem Ministerialerlasse an den Universitätskurator zu Marburg vom 5. Dezember 1892 nur vom Ministerium erteilt werden.

Da die Privatdozenten nicht Beamte sind, bedürfen sie auch wie die Ministerialerlasse vom 26. Juni 1886 an den Kurator zu Münster und vom 5. Februar 1889 an den Kurator zu Königsberg ausdrücklich anerkennen, keinen Urlaub [1]). Die statutarisch oder observanzmäßig bestehende Verpflichtung der Privatdozenten, von Abwesenheit außerhalb der Ferien oder längeren Unterbrechung der Vorlesungen dem Dekane oder Rektor Anzeige zu machen, bleibt natürlich unberührt.

Der Mangel der Beamteneigenschaft schließt endlich wie die förmliche Anstellung so auch die Entlassung des Privatdozenten aus. Er kann jederzeit einseitig seine Lehrthätigkeit einstellen oder auch auf

[1]) Der bei Daude a. a. O. S. 18 erwähnte Breslauer Fall — M. E. vom 18. Nov. 1887 —, wonach der Privatdozent von der Verpflichtung, Vorlesungen zu halten, entbunden wurde, erscheint inkorrekt erledigt. Denn der Privatdozent hat eine solche Verpflichtung überhaupt nicht.

die durch die Habilitation erlangte Venia legendi und damit auf die Eigenschaft eines Privatdozenten überhaupt verzichten. Statutarisch oder observanzmäßig bedarf es hierzu nur der Anzeige an die Fakultät. Gegen den Willen des Privatdozenten kann ihm diese Eigenschaft nur im Disciplinarverfahren entzogen werden. Doch erlischt sie von selbst unter denselben Voraussetzungen wie das Dienstverhältnis der Beamten durch ein Strafurteil, das auf Zuchthaus, andere mindestens einjährige Freiheitsstrafe, Verlust der bürgerlichen Ehrenrechte, Aberkennung der Fähigkeit zur Bekleidung von öffentlichen Ämtern und Stellung unter Polizeiaufsicht lautet (§ 2 des Ges. vom 17. Juni 1898, § 7 des Ges. vom 21. Juli 1852).

§ 14. Das Disciplinarrecht der Privatdozenten.

Die Fakultätsstatuten legen den Fakultäten vielfach ein Aufsichtsrecht über die bei ihnen thätigen Privatdozenten bei. Daß andererseits die Universitäten als Staatsanstalten unter der Aufsicht des Unterrichtsministers stehen, und diese Aufsicht wie über alle bei der Staatsanstalt beschäftigten Personen, so auch über die Privatdozenten sich erstreckt, läßt sich nicht leugnen. Die Aufsicht der Fakultäten wie des Ministers fand ihre Schranke allein in der verfassungsmäßigen Lehrfreiheit. Im übrigen blieb das Verhältnis beider Aufsichtsorgane zu einander bestritten. Insbesondere war es Gegenstand von Meinungsverschiedenheiten, ob, wenn die Statuten nur der Fakultät Disciplinarbefugnisse ausdrücklich beilegten, damit solche des Ministers kraft seines allgemeinen Aufsichtsrechtes ausgeschlossen seien. Auf die Entscheidung dieser Streitfrage, die namentlich aus Anlaß des Falles Arons erörtert wurde, näher einzugehen, würde gegenwärtig nur noch ein geschichtliches Interesse haben. Das Gesetz vom 17. Juni 1898, betreffend die Rechtsverhältnisse der Privatdozenten, die sogenannte Lex Arons, hat nunmehr den Gegenstand gesetzlich geregelt.

Als Verbindlichkeit der Privatdozenten ist gesetzlich anerkannt, daß er die Pflichten zu erfüllen hat, die ihm seine Stellung als akademischer Lehrer auferlegt, und daß er sich in seinem Verhalten in und außer seinem Berufe der Achtung, des Ansehens und des Vertrauens, die seine Stellung erfordert, würdig zu zeigen hat. Wann eine Verletzung dieses Pflichtenkreises vorliegt, ist Thatfrage. Die Verletzung dieser Pflichten zieht disciplinare Ahndung nach sich (§ 1).

Die Disciplinarstrafen bestehen in Ordnungsstrafen und in Entziehung der Eigenschaft als Privatdozent (§ 3). Ordnungsstrafen sind Warnung und Verweis (§ 4).

Die Ordnungsstrafen können von der Fakultät wie vom Unterrichtsminister verhängt werden. Ein förmliches gerichtliches Verfahren findet in diesem Falle nicht statt. Vor Verhängung der Ordnungsstrafe ist dem Privatdozenten nur Gelegenheit zu geben, sich über die ihm zur Last gelegte Pflichtverletzung zu verantworten. Die Verhängung der Ordnungsstrafe erfolgt unter Angabe der Gründe durch schriftliche Verfügung. War es die Fakultät, welche die Ordnungsstrafe verhing, so findet gegen ihre Verfügung binnen zwei Wochen nach der Zustellung die Beschwerde an den Unterrichtsminister statt (§ 4).

Dagegen muß der Entziehung der Eigenschaft als Privatdozent ein förmliches Disciplinarverfahren vorangehen. Zu dessen Einleitung ist sowohl die Fakultät, bei welcher der Privatdozent habilitiert ist, wie der Unterrichtsminister befugt. Vor Einleitung des Verfahrens durch den Unterrichtsminister ist der Fakultät Gelegenheit zu einer gutachtlichen Äußerung zu geben. Untersuchungskommissar ist der Universitätsrichter, der Beamte der Staatsanwaltschaft wird durch den Unterrichtsminister ernannt (§ 5).

Die entscheidende Disciplinarbehörde erster Instanz ist die Fakultät, bei welcher der Privatdozent habilitiert ist. Die Fakultät ist in dieser Eigenschaft Provinzialbehörde im Sinne des Disciplinargesetzes vom 21. Juli 1852. Für ihre Zusammensetzung sind aber dieselben Bestimmungen maßgebend, welche sonst für die Geschäftsführung der Fakultät gelten (§ 6).

Für das gesamte weitere Verfahren greifen grundsätzlich die für die nicht richterlichen Beamten getroffenen Bestimmungen des Disciplinargesetzes vom 21. Juli 1852 Platz. Es findet demnach eine mündliche Verhandlung statt, in welcher der Angeschuldigte unter Beistand eines Verteidigers erscheinen kann. Die mündliche Verhandlung schließt ab mit Erlaß des Urteils. Dieses kann auch auf bloße Ordnungsstrafe lauten. Gegen die Entscheidung hat sowohl der Vertreter der Staatsanwaltschaft wie der Angeschuldigte binnen vier Wochen nach Verkündung oder, wenn der Angeschuldigte abwesend war, nach Zustellung der Entscheidung das Recht der Berufung an das Staatsministerium. Nach Erledigung des Schriftenwechsels beschließt das Staatsministerium auf den Vortrag eines von dem Vorsitzenden ernannten Referenten. Da jedoch die Fakultät als Disciplinargericht nur die Stellung einer Provinzialbehörde einnimmt, kann das Staatsministerium keinen Beschluß fassen, bevor das Gutachten des Disciplinarhofes eingeholt worden ist. Der Disciplinarhof kann die zur Aufklärung der Sache etwa erforderlichen Verfügungen erlassen. Er kann auch eine mündliche Verhandlung anordnen, zu welcher der Angeschuldigte vorzuladen, und ein Beamter der Staatsanwaltschaft zuzuziehen ist. Der letztere wird in diesem Falle vom Ressortminister bezeichnet. Nach dem Gesetze vom 17. Juni 1898 muß diese mündliche Verhandlung stattfinden, wenn der Angeschuldigte darauf anträgt. Dabei ist ein von dem Senate zu bezeichnendes Mitglied der Universität zu hören. Der Angeschuldigte kann sich in der mündlichen Verhandlung des Beistandes eines Rechtsanwaltes als Verteidigers bedienen (§ 7). Lautet das Gutachten des Disciplinarhofes auf Freisprechung oder nur auf Warnung oder Verweis, so kann das Staatsministerium nur auf letztere, aber nicht auf Entziehung der Eigenschaft als Privatdozent erkennen. Im übrigen beschließt das Staatsministerium selbst ohne vorherige mündliche Verhandlung.

Als vorläufige Maßregel ist die Suspension eines Privatdozenten unter denselben Voraussetzungen zulässig wie die eines Beamten. Die Einbehaltung des halben Diensteinkommens fällt dabei selbstverständlich fort, da der Privatdozent solches nicht bezieht. Dagegen kann er, wenn die Suspension ihn verhindert, das Semester hindurch zu lesen, kein Kollegienhonorar beziehen.

Im übrigen kann das Disciplinarverfahren, wenn es auch bis zur Entscheidung des gerichtlichen Verfahrens auszusetzen ist, unabhängig von letzterem stattfinden. Die Freisprechung im gerichtlichen Verfahren oder die Verurteilung zu einer Strafe, die den Verlust der Stellung nicht zur Folge hat, schließt die Einleitung eines Disciplinarverfahrens nicht aus, falls überhaupt eine disciplinar zu ahndende Pflichtversäumnis vorliegt.

Kap. III. Assistenten und Lektoren.

§ 15. Die Assistenten.

Die Stellung der Assistenten bei den Universitäten und einzelnen Universitätsinstituten hat sich ohne Eingreifen der Gesetzgebung und ohne jede allgemeine Regelung im Verwaltungswege im wesentlichen aus den Bedürfnissen des naturwissenschaftlichen Unterrichtes heraus entwickelt. Die Assistenten finden sich daher, von ganz geringfügigen Ausnahmen abgesehen, nur in der medizinischen Fakultät und in den naturwissenschaftlichen Fächern der philosophischen. Ihre Aufgabe besteht darin, den Professor bei seinen Vorlesungen und Demonstrationen wie bei der Verwaltung der dem Unterrichtszwecke dienenden Sammlungen und Institute zu unterstützen.

Solange der Professor sich für diese Zwecke einen Studenten oder Kandidaten als Famulus annahm und selbst für seine Thätigkeit durch abgelegte Kleidung oder anderweit entschädigte, lag für die Unterrichtsverwaltung gar keine Veranlassung vor, sich in das Verhältnis irgendwie einzumischen. Sobald aber die Entwicklung der Naturwissenschaften auch für die Stellung des Assistenten eine einigermaßen abgeschlossene wissenschaftliche Fachbildung erforderte, und es einer entsprechenden Besoldung bedurfte, hatten die Professoren das naturgemäße Bestreben, diese finanzielle Last auf den Staat zu übertragen. Der Staat hat diesem Bedürfnisse auch in vollem Umfange Rechnung getragen. Natürlich mußte sich nunmehr die Unterrichtsverwaltung auch eine Einwirkung auf die Annahme und Entlassung der aus Staats- und Universitätsfonds besoldeten Assistenten sichern. So entstand die eigentümliche Zwitterstellung der Assistenten, die es zweifelhaft erscheinen läßt, ob sie Beamte sind oder sich in einem privatrechtlichen Dienstverhältnisse befinden.

Beim Mangel jeglicher allgemeinen Bestimmungen kann die derzeit bestehende Verwaltungspraxis nur aus den einzelnen Fällen und der dabei beobachteten Übung entnommen werden.

Die über die Annahme eines Assistenten materiell entscheidende Persönlichkeit ist allgemein der Professor bezw. der Leiter des betreffenden Universitätsinstitutes. Die rechtlichen Formen sind jedoch verschieden. Im großen und ganzen, besonders bei den Medizinern, hat sich der ältere Zustand erhalten, daß der Professor selbst den Assistenten annimmt. Er bedarf jedoch hierzu in jedem einzelnen Falle der Genehmigung des Ministeriums oder des Kurators der Universität. Bei verschiedenen naturwissenschaftlichen Instituten ist dieses Recht des Professors oder Institutsleiters aber bereits abgeschwächt zu einem bloßen Vorschlagsrechte beim Ministerium, das seinerseits den Assistenten bestellt.

Allgemeine Voraussetzung der Annahme ist nach dem Ministerialerlasse vom 8. September 1880 für die medizinischen Assistenten, daß sie Doktoren der Medizin und als Arzt approbiert sind. Der Ministerialerlaß vom 26. Februar 1895 erfordert allgemein auch für die anderen Assistenten die ordnungsmäßige Erwerbung des Doktorgrades auf einer inländischen Universität. Von diesen Erfordernissen wird nur vereinzelt und in Notfällen abgegangen.

Die Annahme des Assistenten erfolgt gewöhnlich auf zwei Jahre, vorbehaltlich vierteljährlicher Kündigung, welche beiden Teilen eingeräumt wird. Nach Ablauf der zwei Jahre hört also das Assistentenverhältnis von selbst und ohne Kündigung auf, und es bedarf zu seiner Fortsetzung einer erneuten Annahme wie das erste Mal. Außerdem kann während der Dauer des Verhältnisses jeder Teil mit vierteljährlicher Frist kündigen. Entsprechend der Form der Annahme wird die in der Kündigung liegende Entlassung nur mit Genehmigung der Unterrichtsverwaltung oder durch sie erfolgen können.

Eine Vereidigung der Assistenten ist nicht üblich.

Als Gegenleistung für ihre Dienste erhalten die Assistenten eine Besoldung von zur Zeit gewöhnlich 1200 Mk. für das Jahr, welche allgemein als Remuneration bezeichnet wird. Vereinzelt kommt auch an Stelle der Remuneration die Verleihung eines Stipendiums vor.

Schwierigkeiten entstehen nur für den Fall, daß, abgesehen von der Kündigung, ein sofortiges Einschreiten wegen schwerer Pflichtverletzungen des Assistenten sich als erforderlich erweist. Die außerordentliche Seltenheit dieser Vorkommnisse hat aber bisher die Frage in den Hintergrund treten lassen. Zwei Fälle sind jedoch besonders bemerkenswert. Der Leiter eines Mineralogischen Institutes hatte 1892 sich veranlaßt gesehen, seinen Assistenten Knall und Fall zu entlassen, weil dieser sich geweigert hatte, der Aufforderung des Professors entsprechend am Nachmittage zum Mundieren von Schriftstücken nach dem Institute zu kommen. Ob der Professor zu der Aufforderung wie zu der Entlassung berechtigt war, erscheint zum mindesten höchst zweifelhaft. Weitere Maßnahmen sind jedoch in diesem Falle nicht getroffen worden, da sich der Assistent bei der Entlassung beruhigte. Ferner hatte an derselben Universität der Kurator im folgenden Jahre die Entlassung eines Assistenten wegen schwerer Verletzung der Hausordnung verfügt, wogegen gleichfalls seitens des Entlassenen keine weiteren Einwendungen erfolgten.

Die Ansichten der Unterrichtsverwaltung über die rechtliche Natur des Assistentenverhältnisses sind nicht immer gleichmäßig gewesen. Es mag dies zum Teil darauf zurückzuführen sein, daß man bei Anfragen anderer Behörden über die Beamteneigenschaft eines Assistenten unter wohlwollender Auslegung des Rechtsverhältnisses in jedem Falle die den Assistenten günstigere Auffassung vertrat. Wenigstens ist dies das praktische Ergebnis der widersprechenden Äußerungen.

Zunächst kam die Frage in steuerrechtlicher Beziehung zur Erörterung, da es zweifelhaft geworden war, ob das Diensteinkommen der Assistenten der Kommunalbesteuerung nur zur Hälfte nach Maßgabe des damals noch geltenden Gesetzes vom 11. Juli 1822 unterliege. In einem Erlasse des Ministers an den Direktor des Physikalischen Institutes zu Berlin vom 21. Februar 1889 wurde nach dieser Richtung die Beamteneigenschaft der Assistenten des Institutes bejaht, da sie 1. im Dienste eines staatlichen Institutes fest angestellt, 2. zu einer dauernden und regelmäßigen amtlichen Beschäftigung berufen seien, 3. etatsmäßige Kompetenzen bezögen, und 4. nicht zu dem in § 11 des Gesetzes vom 11. Juli 1822 genannten Personen gehörten. Eine Entscheidung des Oberverwaltungsgerichts über die Beamteneigenschaft der Assistenten ist bisher nicht erfolgt.

Ferner wurde es zweifelhaft, ob die Zeit der Thätigkeit als Assistent bei einem Universitätsinstitute später, nachdem der Assistent in eine andere Stellung übergegangen war, als pensionsfähige Dienstzeit bei Feststellung des Witwen- und Waisengeldes der Hinterbliebenen in Anrechnung zu bringen sei. Eine dahin gehende Anfrage des Reichskanzlers wurde vom Ministerium am 21. September 1893 bejaht mit dem Bemerken, daß nach den gleichen Grundsätzen bisher schon verfahren sei. Dagegen verneinte das Ministerium die gleiche Frage für die Zeit, da der Betreffende noch studierte und nebenbei als Assistent thätig war.

Endlich kam die Frage mit Rücksicht auf die Invaliditäts- und Altersversicherung zur Entscheidung. Ein Bericht des Kurators der Universität Greifswald vom 13. April 1895 wollte in einem Assistenten nicht einen Beamten im Sinne des § 4 des Invaliditäts- und Altersversicherungsgesetzes vom 22. Juni 1889 sehen. Das Ministerium schloß sich in einem Schreiben an das Reichsversicherungsamt dieser Auffassung an. Die Entscheidung des Reichsversicherungsamtes vom 17. September 1895 verneinte gleichfalls die Beamteneigenschaft, indem es ausführte, daß es für das Bestehen oder Nichtbestehen eines Beamtenverhältnisses wesentlich auf die Bestimmung der Centralinstanz ankomme.

Es wäre verfehlt, diese widersprechenden Entscheidungen des Ministeriums darauf zurückzuführen, daß der Begriff des Beamten im Sinne der einzelnen Gesetze verschieden sei. Eine Begriffsbestimmung des Beamten im Sinne des betreffenden Gesetzes giebt nur § 359 Str.G.B., und auch diese stimmt mit dem allgemeinen Begriffe des Beamten überein. Die Steuergesetzgebung schließt einzelne Arten von Beamten von dem Sonderrechte der Kommunalbesteuerung, dem die Beamten im allgemeinen unterworfen sind, aus und erstreckt dieses Sonderrecht andererseits auf die Hofbeamten, aber ein besonderer kommunalsteuerrechtlicher Begriff des Beamten ist ihr vollständig fremd. Die verschiedenen Entscheidungen des Ministeriums sind eben Widersprüche. Daß die Assistenten Beamte im Sinne des einen Gesetzes, nicht aber in dem des anderen sind, erscheint ausgeschlossen. Sie sind entweder überhaupt Beamte, oder sie sind es nicht, ein Mittelding zwischen beiden giebt es nicht.

Der geschichtliche Ausgangspunkt des Assistentenverhältnisses ist derjenige der privatrechtlichen Dienststellung des Assistenten zu dem Professor. In diesem ursprünglichen Verhältnisse hat sich zweifellos so viel geändert, daß an die Stelle des Professors als Dienstherrn der Staat getreten ist. Denn der Dienst wird für die staatlichen Unterrichtszwecke geleistet und der Staat gewährt die vermögensrechtliche Gegenleistung. Dem entsprechend erfolgt die Annahme des Assistenten durch die Unterrichtsverwaltung oder wenigstens mit ihrer

Genehmigung. Soweit dem Professor oder Institutsdirektor noch die Annahme des Assistenten überlassen ist, handelt er dabei nicht in eigenem Namen, sondern als Vertreter des Staates. Denn bei einem Vertrage, den er für sich selbst abschließt, würde das Erfordernis der Genehmigung der Aufsichtsbehörde jeder rechtlichen Grundlage entbehren. Verpflichtet wird durch die mit Genehmigung des Ministeriums erfolgte Anstellung des Assistenten auch nicht der Professor, sondern der Staat zur Gewährung der Gegenleistung.

Ein Dienstverhältnis zum Staate trägt nun, auch wenn es von Hause aus privatrechtlicher Natur ist, immer die Neigung in sich, in ein öffentlichrechtliches Beamtenverhältnis überzugehen, da dieses die dem Wesen des Staates entsprechendste Form ist, in der er sich die erforderlichen Dienste beschafft. Es wird sich diese Neigung um so mehr Geltung verschaffen, wenn es sich um Dienste handelt, die eine höhere wissenschaftliche Vorbildung erfordern und gewöhnlich von Beamten geleistet werden. Sichtbar werden solche Bestrebungen zunächst in der verschiedentlich auftauchenden Ansicht, daß man es mit einem Beamtenverhältnisse zu thun habe. Bezüglich der Assistenten ist denn auch, wie oben erwähnt, diese Auffassung sogar schon vom Ministerium mehrfach vertreten worden. Aus dieser theoretischen Ansicht werden dann in den einzelnen Fällen die weiteren rechtlichen Folgerungen gezogen. Schließlich entwickelt sich daraus die allgemeine Rechtsüberzeugung von dem Vorhandensein eines Beamtenverhältnisses. Kraft dieser Rechtsüberzeugung werden die Eierschalen des Privatrechtes endgiltig abgestoßen und alle Folgerungen aus dem öffentlichen Charakter des Dienstverhältnisses wirklich praktisch gezogen.

Daß bei ungestörter organischen Fortentwicklung auch das privatrechtliche Verhältnis des Assistenten schließlich in ein wirkliches Beamtenverhältnis übergeht, leidet keinen Zweifel. Es fragt sich nur, an welchem Punkte sich die Entwicklung zur Zeit befindet, und ob sie bereits zum Abschlusse gelangt ist.

In dieser Beziehung kommt nun zunächst die Art und Weise der Begründung des Assistentenverhältnisses in Betracht. Die vorwiegende Form der Bestallung durch den Professor oder Institutsdirektor mit Genehmigung des Ministeriums kann ein Beamtenverhältnis überhaupt nicht begründen. Denn dem Professor oder Institutsdirektor ist durch kein Gesetz die Befugnis zur Ernennung irgend welcher Beamten übertragen. Ebenso wenig ist zu seinen Gunsten das königliche Ernennungsrecht delegiert. Die Genehmigung der Annahme, welche sich das Ministerium vorbehält, ist aber von einer Ernennung seitens des Ministeriums wesentlich verschieden. Bei den Assistenten, welche der Professor oder Institutsdirektor annimmt, kann also schon aus diesem formalen Grunde von einem Beamtenverhältnisse nicht die Rede sein.

Nun ist allerdings vielfach das frühere Ernennungsrecht des Professors oder Institutsdirektors bereits zu einem Vorschlagsrechte abgeschwächt und die Ernennung auf das Ministerium übergegangen. Daß hierin ein wichtiger Schritt auf dem Wege der publicistischen Umgestaltung des privatrechtlichen Assistentenverhältnisses liegt, kann nicht verkannt werden. Allein daraus, daß das Ministerium im Gegensatze zum Professor und Institutsdirektor an sich Beamte ernennen kann, folgt noch keineswegs, daß die Annahme einer Person für Dienste des Staates seitens des Ministeriums nun unter allen Umständen ein Beamtenverhältnis begründen muß. Es kommt immer darauf an, ob nach dem Willen der Beteiligten ein Beamtenverhältnis oder ein privatrechtliches Dienstverhältnis hergestellt werden sollte. Dabei ist es ganz gleichgiltig, welche theoretische Ansicht der eine Teil, das Ministerium, über das Assistentenverhältnis im allgemeinen hat, es fragt sich nur, was im einzelnen Falle wirklich geschieht. Sollte ein Beamter ernannt werden, so müßte dieser, den allgemeinen Erfordernissen entsprechend, in irgend einer Form eine Bestallung erhalten. Die Bestellung der Assistenten, auch soweit sie durch das Ministerium geschieht, zeichnet sich aber dadurch aus, daß sie formlos erfolgt oder wenigstens sich an keine Form bindet. Der Professor oder Institutsdirektor macht Vorschläge, von denen er sich vorher vergewissert hat, daß der in Aussicht genommene Assistent mit ihnen einverstanden ist, und das Ministerium benachrichtigt den Antragsteller, daß es auf Grund der Vorschläge den Assistenten bestelle, mit dem Ersuchen, diesem davon Kenntnis zu geben. In dieser Form kann aber kein Beamtenverhältnis begründet werden. Und selbst wenn das Ministerium einmal den neuen Assistenten unmittelbar benachrichtigen sollte, fehlt ihm jede Absicht, dem betreffenden Assistenten dadurch vor anderen eine Sonderstellung verleihen zu wollen.

Die Formen der Begründung des Assistentenverhältnisses lassen es daher als ausgeschlossen erscheinen, daß die Assistenten als Beamte bestellt werden.

Dem entspricht es vollständig, daß eine Vereidigung der Assistenten nicht erfolgt. Allerdings würde, wenn sie als Beamte bestellt wären, an dieser Thatsache durch die Unterlassung der Vereidigung nichts geändert. Allein es fehlt an jedem ersichtlichen Grunde, weshalb in offenbarem Widerspruche mit einer klaren Verfassungsbestimmung die Vereidigung einer ganzen Beamtenklasse durchweg unterbleiben sollte. Der Grund, daß die Vereidigung bis jetzt herkömmlicherweise nicht erfolgt ist, würde mit dem Augenblicke hinfällig werden, in dem sich das privatrechtliche Dienstverhältnis des Assistenten in ein öffentlichrechtliches verwandelt, in dem man sie als Beamte bestellt. Wenn gleichwohl die Vereidigung unterbleibt, so ist dies ein weiterer Beweis dafür, daß eben jener Augenblick noch nicht gekommen ist. Jede bewußt und gewollt unterlassene Vereidigung läßt auf die Absicht der anstellenden Behörde schließen, nicht ein Beamtenverhältnis, sondern ein privatrechtliches Dienstverhältnis zu begründen. Das gilt aber von den Assistenten allgemein.

Wenn nun auch für eine Reihe von Assistentenstellen die Besoldungen sogar einzeln im Etat bestimmt sind, so wird hierdurch an dem Ergebnisse nichts geändert. Die Folge der Etatisierung würde, falls es sich wirklich um Beamte handelte, die sein, daß die betreffenden Assistenten sogar etatsmäßige Beamte wären. Als solche hätten sie Anspruch auf Gehalt und Wohnungsgeldzuschuß. Das mit ihnen getroffene Abkommen sichert ihnen aber nur Remuneration zu, wie auch der Etat lediglich diese vorsieht. Die Art der Etatisierung ergiebt also im Gegenteile, daß es sich nicht um Beamte handelt.

§ 16. Die Lektoren.

Wie das Institut der Assistenten den Bedürfnissen des naturwissenschaftlichen Unterrichtes, so verdankt das der Lektoren denen des neusprachlichen Unterrichtes an den Universitäten seine Entstehung. Es handelte sich darum, neben dem wissenschaftlichen Studium der neueren Sprachen die Studierenden im mündlichen und schriftlichen Gebrauche zu üben. Hierzu bedurfte man Personen, welche ihrerseits die fremde Sprache vollständig beherrschten. Es konnten dies Angehörige der betreffenden fremden Nationalität, aber auch Inländer sein. Eine wissenschaftliche, philologische und pädagogische, Bildung war dabei zwar erwünscht, aber keineswegs unbedingt notwendig, da der Lektor nicht gleich dem Dozenten wissenschaftliche Vorlesungen halten, sondern das Sprachstudium praktisch fördern sollte. Außer den Sprachlehrern giebt es Lektoren an den Universitäten nur vereinzelt, so für Stenographie, Zeichnen ꝛc. Im wesentlichen ist das Lektorentum auf das Gebiet der neueren Sprachen beschränkt.

Im Gegensatze zum Assistenten ist hiernach der Lektor nicht ein Gehilfe des Professors bei seinen Vorlesungen, sondern vertritt nur eine bestimmte Seite, nämlich die technische, des neusprachlichen Unterrichtes an der Universität, wobei er allerdings der Leitung des wissenschaftlichen Vertreters des Faches unterstellt ist. Nur die wenigen Lektoren, welche nicht Sprachlehrer sind, nehmen in Bezug auf ihren Unterricht eine unabhängige Stellung ein. Hieraus erklärt es sich, daß der Lektor niemals in einem privaten Dienstverhältnisse zum Professor, sondern stets in einem unmittelbaren Verhältnisse zum Staate gestanden hat, von dem er auch seine Besoldung empfing.

Handelte es sich nun um Lehrer der Universität, die vom Staate mit einer Lehrverpflichtung angenommen waren, so lag gar kein Grund vor, ihnen die Beamteneigenschaft zu verweigern. Die Lektoren sind daher von Hause aus etatsmäßig angestellte und pensionsberechtigte Beamte.

Die Allerhöchst vollzogenen Universitätsstatuten für Halle vom 24. April 1854 Abschnitt II § 10 und für Greifswald vom 10. November 1865 § 12 Ziff. III führen die Lektoren unter den „Lehrern der Universität“ auf, und da ihnen eine Lehrverpflichtung oblag, konnte an ihrer Beamteneigenschaft kein Zweifel sein. Der gleiche Zustand galt aber gewohnheitsrechtlich auch an den anderen Universitäten. Die Pensionsberechtigung der Lektoren wurde daher unbedenklich allgemein anerkannt. Um die Mitte der achtziger Jahre wurde vom Finanzministerium nur die Frage angeregt, ob die Lektoren bei ihrer Versetzung in den Ruhestand nach Maßgabe des Pensionsgesetzes zu pensionieren oder als Universitätslehrer zu behandeln seien. Auf diese Anregungen sprach sich das später noch weiter zu erwähnende Ministerialreskript vom 21. Januar 1885 dahin aus, daß in Halle und Greifswald auf Grund der Allerhöchst bestätigten Statuten die Lektoren als Universitätslehrer betrachtet werden müßten, und die gleiche Praxis auch in Berlin und Kiel beobachtet werde, wogegen in Königsberg, Bonn, Marburg, Breslau und Göttingen eine Pensionierung nach dem Pensionsgesetze zulässig erscheine.

Die Lektoren erhielten Remunerationen, die zum Teil etatsmäßig waren, zum Teil auf die Position „insgemein“ des Universitätsfonds verrechnet oder aus dem Stipendienfonds gezahlt wurden. Soweit die Besoldungen etatsmäßig waren, hatten die Lektoren als Beamte Anspruch auf Wohnungsgeldzuschuß. Dieser wurde auch thatsächlich gewährt, so z. B. dem bis 1891 in Kiel thätigen französischen Lektor.

Als Beamte mußten die Lektoren auch dem Disciplinargesetze unterworfen sein. Auch diese Folgerung wurde unbedenklich gezogen. Als 1891 ein Lektor wegen Sittlichkeitsverbrechen verhaftet war, wurde die Frage aufgeworfen, ob man ihn nicht vom Amte suspendieren müsse. Der Ministerialerlaß vom 17. Dezember 1891 sprach sich dahin aus, daß er durch seine Verhaftung nach § 48 Nr. 1 des Disciplinargesetzes für die nicht richterlichen Beamten vom 21. Juli 1852 von Rechtswegen suspendiert sei. Da während des gerichtlichen Verfahrens ein Disciplinarverfahren unzulässig war, man aber den verhafteten Lektor möglichst bald entfernen wollte, wurde ihm nahegelegt, freiwillig seine Entlassung aus dem Staatsdienste zu nehmen, welcher Anregung er auch Folge leistete.

Die Besoldungen der Lektoren waren nun aber bis in die neuere Zeit außerordentlich niedrig, und die Lektoren auf den mannigfachsten Nebenerwerb, besonders auf die Erteilung von Privatunterricht angewiesen. Unter diesen Umständen waren die Elemente, aus denen sich das Lektorentum ergänzte, nicht selten moralisch minderwertig. Über eine ganze Reihe von ihnen wurden die schwersten Klagen wegen ihres privaten Lebenswandels erhoben, die zum Teil das Einschreiten der Staatsanwaltschaft erforderlich machten.

Aus diesen und ähnlichen Gründen mag der Ministerialerlaß vom 21. Januar 1885 hervorgegangen sein, der anordnete, daß in Zukunft die technischen Lehrer der Universitäten nur noch kontraktlich gegen Remuneration angenommen werden sollten. Man wollte also den Staat in Zukunft nicht mehr durch die feste Anstellung der Lektoren binden. Der Hinweis auf die kontraktliche Annahme deutet darauf hin, daß man nur ein privatrechtliches Dienstverhältnis mit den künftig anzunehmenden Lektoren eingehen wollte. Da es für Dienste, welche nicht die Ausübung der obrigkeitlichen Gewalt zum Gegenstande haben, ganz in den Händen des Staates liegt, ob er sich solche durch Beamte auf Grund ihres Dienstverhältnisses leisten lassen oder im Wege des privatrechtlichen Dienstvertrages beschaffen will, so liegt gegen die Berechtigung jener Anordnung kein Bedenken vor.

Auch die Allerhöchst vollzogenen Universitätsstatuten von Halle und Greifswald standen nicht im Wege. Denn wenn sie die Lektoren als Lehrer der Universität bezeichnen, so war doch damit ihr Beamtenverhältnis nichts bestimmt.

Der Ministerialerlaß vom 21. Januar 1885 konnte selbstverständlich in den wohl erworbenen Rechten der bisher angenommenen Lektoren nichts ändern. Sie blieben Beamte, soweit sie bisher solche gewesen waren.

Aber auch bei Annahme neuer Lektoren machte sich trotz des Ministerialerlasses ein eigentümliches Schwanken geltend. Während der Ministerialerlaß für die Zukunft eine kontraktliche Annahme der Lektoren, also einen privatrechtlichen Dienstvertrag mit ihnen erforderte, verstand man dies in der Praxis zunächst nur dahin, daß die Lektoren nicht fest angestellt werden dürften. Dagegen hielt man an dem Beamtenverhältnisse der Lektoren fest. In den Berufungen wird der Lektor mit der amtlichen oder nebenamtlichen Wahrnehmung der Geschäfte beauftragt, vorbehaltlich einer sechsmonatlichen Kündigungsfrist. Noch die Etatsanmeldung vom 23. August 1892 verlangt für die Lektoren eine Erhöhung der Remuneration dieser Beamten wegen ihrer wichtigen amtlichen Obliegenheiten.

Dagegen macht sich in den neueren Bestellungen von Lektoren das Bestreben geltend, sie auf gleichem Fuße mit den Assistenten zu behandeln. Die Bestellung erfolgt gewöhnlich auf zwei Jahre vorbehaltlich sechsmonatlicher Kündigung. Das Verhältnis erlischt daher nach zwei Jahren von selbst, wenn es nicht erneuert wird. Aber auch während der zwei Jahre kann jeder Teil am Anfange des Semesters zu dessen Schlusse kündigen. Daneben kommt auch die Beauftragung nur auf ein Jahr oder unter ganz besonderen Umständen vorbehaltlich jederzeitigen Widerrufes vor. In den Berufungsschreiben wird die Bezeichnung der Thätigkeit als eines Amtes oder einer amtlichen jetzt sorgfältig vermieden. Damit ist erst der Ministerialerlaß vom 21. Januar 1885 praktisch zur Durchführung gebracht, und das Verhältnis des Lektors gleich dem des Assistenten in ein privatrechtliches verwandelt worden.

Diese Verschiedenheit der älteren und neueren Verwaltungspraxis macht sich nach den mannigfaltigsten Richtungen geltend.

Auf eine Anfrage, ob ein neuer Lektor zu vereidigen sei, äußerte sich ein Ministerialerlaß vom 19. März 1878 eigentümlicherweise dahin, die Vereidigung könne unterbleiben, da eine solche auch bisher nicht erfolgt sei. Ein grundsätzliches Bedenken gegen die Vereidigung bestand also nicht, die Lektoren sollten nach Absicht des Ministeriums noch die Beamteneigenschaft haben. Ging man aber von dieser Auffassung aus, so war der erteilte Bescheid um deswillen höchst bedenklich, weil er sich über eine klare Vorschrift der Verfassungsurkunde einfach hinwegsetzte. In neuerer Zeit taucht die Frage der Vereidigung überhaupt nicht mehr auf, da man von der stillschweigenden Voraussetzung ausging, daß die Lektoren nicht Beamte sind.

Noch charakteristischer für den Wechsel der Anschauungen ist die Frage nach dem Erwerbe des Indigenates durch den Lektor. Der Natur der Sache nach sind die Lektoren zum großen Teile von Geburt Ausländer. Nach § 9 des Reichsgesetzes vom 1. Juni 1870 über die Erwerbung und den Verlust der Bundes- und Staatsangehörigkeit vertritt eine von der Regierung oder von einer Central- oder höheren Verwaltungsbehörde eines Bundesstaats vollzogene oder bestätigte Bestallung für einen in den unmittelbaren oder mittelbaren Staatsdienst oder in den Kirchen-, Schul- oder Kommunaldienst aufgenommenen Ausländer oder Angehörigen eines anderen Bundesstaates die Stelle der Naturalisationsurkunde beziehungsweise Aufnahmeurkunde, sofern nicht ein entgegenstehender Vorbehalt in der Bestallung ausgedrückt wird. Dieser Vorbehalt wird unter allen Umständen notwendig sein für österreichisch-ungarische, persische und türkische Unterthanen, da diesen nach Staatsverträgen[1]) die Naturalisation nur nach Entlassung aus ihrer bisherigen Staatsangehörigkeit erteilt werden darf. Den Lektoren, die nicht als Beamte festangestellt waren, das Indigenat zu verleihen, lag nun aber bei ihrer meist nur vorübergehenden Thätigkeit allgemein keine Veranlassung vor. In den älteren Berufungen der Lektoren, so z. B. in Berlin des englischen vom 11. Februar 1878 und des italienischen vom 27. Mai 1881 wird nun regelmäßig der Vorbehalt gemacht, daß das Indigenat durch die Annahme als Lektor nicht erworben werde. Dieser Vorbehalt hatte nur dann einen Sinn, wenn das Ministerium die Benachrichtigung des neuen Lektors von seiner Annahme als eine Bestallung ansah, durch die er die Eigenschaft eines

---

[1]) Vgl. darüber die näheren Angaben bei Bornhak, Preuß. Staatsrecht, Berlin 1888 ff., Bd. 1, S. 257, N. 16.

Beamten erhielt. In den neueren Benachrichtigungen bleibt aber der Vorbehalt, wenn es sich um Ausländer handelt, durchgängig fort. Das kann keine Vergeßlichkeit sein, da man die älteren Vorbilder in den Akten hat. Ebenso wenig sollen aber die Lektoren, die sich bisweilen nur ganz vorübergehend für ein einzelnes Jahr verpflichten wollen, jetzt unbedingt die deutsche Staatsangehörigkeit erhalten. Man sieht vielmehr in der Benachrichtigung nicht mehr eine Bestallung und hält deshalb den Vorbehalt für überflüssig.

Ebenso wenig wie bei den Assistenten ist endlich auch bei den Lektoren ihre Bestallung durch das Ministerium unbedingt notwendig oder allgemein üblich. So findet in Kiel nach § 63 der provisorischen Statuten vom 8. August 1874 die Wahl der Lektoren durch das Akademische Konsistorium unter Genehmigung des Ministers statt. Diese Art der Bestallung würde, da sie auf den Universitätsstatuten beruht, und man darin eine Delegation des königlichen Ernennungsrechtes sehen könnte, an sich mit dem Beamtencharakter des Lektors nicht im Widerspruche stehen, wie denn thatsächlich in Kiel auf dieser Rechtsgrundlage Lektoren sogar als etatsmäßige Beamte angestellt gewesen sind. Dagegen kommt es in Göttingen ohne solche statutarische Bestimmung vor, daß das Ministerium in einem Schreiben an den Professor und Leiter des Seminars die Annahme eines bestimmten Lektors nur genehmigt. Damit wird der Professor zu derjenigen Person, die den Lektor für den Staat annimmt. Hierin liegt eine Annäherung des Verhältnisses der Lektoren an dasjenige der Assistenten, welche hier wie dort die Begründung eines Beamtenverhältnisses ausschließt und nur die Annahme eines privatrechtlichen Vertrages zuläßt.

Im Gegensatze zu dem Verhältnisse der Assistenten hat das der Lektoren in neuerer Zeit die Neigung gehabt, sich aus einem Beamtenverhältnisse in ein privatrechtliches Dienstverhältnis zu verwandeln. Diese Neigung hat sich bei den neueren Annahmen von Lektoren auch mit Entschiedenheit Geltung verschafft. Ein allgemeines Urteil über die rechtliche Stellung der Lektoren ist aber unmöglich, weil diese Stellung des einheitlichen Charakters entbehrt. Der Lektor kann nach der Art seiner Dienste ebenso wohl als Beamter bestellt wie auf Grund eines privatrechtlichen Dienstvertrages angenommen werden. Darüber, ob das eine oder das andere geschehen soll, entscheidet einzig und allein die Entschließung des Ministeriums. Früher war es üblich, die Lektoren als Beamte anzunehmen, gegenwärtig herrscht der privatrechtliche Dienstvertrag vor. Aber wie es bei der früheren Praxis keineswegs ausgeschlossen war, daß einmal in einem Falle der Lektor nur kontraktlich angenommen wurde, so kann auch jetzt noch ausnahmsweise ein Lektor als Beamter bestellt werden. An einer Universität wurden z. B. vor einigen Jahren die Obliegenheiten eines Lektors einem Schuldirektor übertragen, der sie nur als außerordentlicher Professor übernehmen wollte und thatsächlich dazu ernannt wurde. Das Wesen des Dienstverhältnisses des Lektors ist jedenfalls immer im einzelnen besonders festzustellen.

Kap. IV. Besonderheiten der Technischen Hochschulen[1].

§ 17. Die Rechtsquellen.

Soweit die Lehrer der Technischen Hochschulen Beamte sind, finden für die Beurteilung ihrer Rechtsverhältnisse in erster Linie die Quellen des preußischen Beamtenrechtes überhaupt, insbesondere also das Allgemeine Landrecht Teil II, Titel 10 und das Disciplinargesetz vom 21. Juli 1852 Anwendung. Während letzteres aber in einzelnen seiner Bestimmungen auf die Professoren der Universitäten nicht anwendbar ist, findet eine solche Ausnahme hinsichtlich der Lehrer der Technischen Hochschulen nicht statt. Sie unterstehen in jeder Hinsicht dem gleichen Rechte wie andere nicht richterliche Beamte.

Für die beamteten Lehrer kommen neben diesen gesetzlichen Bestimmungen, für die Privatdozenten vorläufig ausschließlich statutarische und andere Verwaltungsvorschriften als Rechtsquellen in Betracht.

In erster Linie stehen unter diesen die Verfassungsstatuten der Technischen Hochschulen zu Charlottenburg vom 22. August 1882, zu Hannover und Aachen vom 27. August 1880. Die Statuten bezeichnen sich zwar selbst nur als landesherrlich genehmigt, nicht als landesherrlich erlassen. Gleichwohl darf man in ihnen nicht einen Ausfluß der genossenschaftlichen Autonomie der Hochschulen sehen. Denn diese waren von Hause aus nichts anderes als höhere Lehranstalten ohne genossenschaftlichen Charakter. Die neueren Statuten sind es erst gewesen, die jenen Hochschulen eine genossenschaftliche Verfassung nach Art der Universitäten beilegten. Folglich konnten die Statuten nicht Ausfluß der genossenschaftlichen Autonomie sein, selbst wenn die Organe der Hochschulen über die Statuten gehört wurden. Wenn der König nicht verordnet, sondern genehmigt, so handelt es sich um die Genehmigung eines ministeriellen Regulatives,

[1] Vgl. Damm, Die Technischen Hochschulen in Preußen. Berlin 1899.

das dadurch den formalen Charakter der königlichen Verordnung erhält, nicht um die Genehmigung genossenschaftlicher Satzung.

Nach § 43 der Hochschulstatuten werden die zur Ausführung des Statuts erforderlichen Anordnungen vom Minister erlassen.

Demgemäß ist zunächst die Organisation der Abteilungen, welche den Fakultäten der Universitäten entsprechen, durch ministerielle Regulative für die einzelnen Hochschulen zu Charlottenburg vom 23. November 1894, zu Hannover vom 7. September 1880, zu Aachen vom gleichen Tage erfolgt. Selbst die Bezeichnung als Statut, die man bei den Universitäten noch festhält, ist hier, wo sie in der geschichtlichen Entwicklung keine Rechtfertigung findet, vermieden. Im übrigen sind die Bestimmungen der Regulative über Verfassung und Thätigkeit der Abteilungen einheitlich für alle Abteilungen derselben Hochschule.

Gleicherweise ist für alle drei technischen Hochschulen auf Grund der Ermächtigung des Hochschulstatuts am 24. April 1884 in Form des ministeriellen Regulativs eine einheitliche Habilitationsordnung für die Privatdozenten ergangen.

Auch sonst hat innerhalb des durch Gesetz und Verfassungsstatut gezogenen Rahmens der Minister kraft seiner allgemeinen Aufsichtsbefugnisse Anordnungen in Bezug auf das Verhalten der Lehrer der Technischen Hochschulen, z. B. wegen des Urlaubs erlassen.

Auch die Rechtsstellung der Lehrer der Technischen Hochschulen beruht, soweit sie Beamte sind, in erster Linie auf den für die Staatsbeamten überhaupt maßgebenden gesetzlichen Bestimmungen, im übrigen auf königlichen Verordnungen und ministeriellen Regulativen.

§ 18. Die beamteten Lehrer.

Nach dem Vorbilde der Universitäten ist auch an den Technischen Hochschulen eine Befugnis der Abteilungen, Personen zur Besetzung von Lehrämtern vorzuschlagen, anerkannt. Wenn nun aber bei den Universitäten die Verwaltungspraxis das sogenannte Vorschlagsrecht über das ursprüngliche statutarische Maß ausgedehnt hat, so war diese neuere Verwaltungspraxis bei den Technischen Hochschulen schon für die Fassung der Statuten maßgebend.

Nach § 12 Nr. 4 des Verfassungsstatutes der Technischen Hochschulen gehört zu den Befugnissen und Obliegenheiten des Abteilungskollegiums die Abgabe von Gutachten wegen Berufung neuer Lehrkräfte für erledigte oder neu gegründete Lehrstühle. Diese Gutachten haben sich der Regel nach auf drei, für den Lehrstuhl geeignet erscheinende Personen zu erstrecken und deren Befähigung für das betreffende Amt eingehend zu erörtern. Das statutarische Vorschlagsrecht ist hiernach nicht auf bestimmte Lehrämter beschränkt, sondern erstreckt sich ausnahmslos auf jedes zu besetzende Amt. Wie jede öffentlichrechtliche Befugnis trägt es das Moment der Verpflichtung in sich, die Befugnis auch auszuüben.

Da die Technischen Hochschulen aus reinen Lehranstalten erwachsen sind, handelt es sich selbstverständlich schon aus diesem Grunde hier nicht um ein ursprüngliches korporatives Recht. Vielmehr gründet sich das Recht und die Pflicht, Vorschläge zu machen, allein auf die in dem Statute niedergelegte königliche Willensentschließung. Damit hat keinerlei Delegation des nach § 7 II, 13 A. L.-R., Art. 47 der Verfassungsurkunde begründeten monarchischen Ernennungsrechtes stattgefunden, wie schon daraus hervorgeht, daß die Abteilung mehrere Personen vorzuschlagen hat. Die Abteilung bildet vielmehr nur einen kollegialen Personalienrat.

Die beamteten Lehrer zerfallen nun in zwei Arten, die Professoren und die Dozenten. Die Professoren sind etatsmäßig mit Pensionsberechtigung, die Dozenten auf Kündigung angestellt. Während sich die Vorschläge der Abteilungen auf beide erstrecken, erfolgt die Ernennung der Professoren durch den König unter Verantwortlichkeit des Unterrichtsministers, die der Dozenten durch den Unterrichtsminister. Damit ist für beide das Dienstverhältnis des Beamten begründet. Daß auch die Dozenten nach Absicht der Staatsgewalt in ein Beamtenverhältnis eintreten sollen, ergiebt die Thatsache, daß sie vereidigt werden.

Die beamteten Lehrer treten bei ihrer Ernennung in das Verhältnis von unmittelbaren, nicht richterlichen Staatsbeamten und überkommen die entsprechenden Verpflichtungen.

Gleich den Universitätsprofessoren bedürfen sie jedoch nach der Urlaubsordnung vom 28. April 1882 während der Ferien keines Urlaubs. Nur für die Leiter von Instituten, die während der Ferien in Thätigkeit bleiben, ist Urlaub erforderlich. Im übrigen ist für jede Abwesenheit von über drei Tagen durch Vermittlung des Abteilungsvorstehers und des Rektors ein Urlaubsgesuch an den Minister einzureichen.

Während nun aber in Bezug auf den Inhalt ihrer Amtsthätigkeit die Universitätsprofessoren vermöge der verfassungsmäßigen

Freiheit der Wissenschaft unabhängiger gestellt waren als andere Verwaltungsbeamte, genießen die Lehrer der Technischen Hochschulen diese amtliche Unabhängigkeit nicht in gleichem Maße. Sie stehen den Universitätsprofessoren gleich, soweit die Lehre der Wissenschaft den Gegenstand ihrer Lehrthätigkeit bildet. Das ist der Fall in der Abteilung für allgemeine Wissenschaften, insbesondere für Mathematik und Naturwissenschaften. Die Technik setzt ihrerseits die Wissenschaft voraus, ist aber selbst nicht solche, sondern Kunst in Anwendung auf die Bedürfnisse des praktischen Lebens. Die Technik wird daher durch die verfassungsmäßige Freiheit der Wissenschaft nicht mit gedeckt. Der Lehrfreiheit nach Inhalt und Form sind nur die Vertreter der wissenschaftlichen Fächer teilhaftig, die Vertreter der Technik unterliegen unbeschränkt den Anweisungen der Aufsichtsbehörde in demselben Maße, wie jeder Gymnasiallehrer für seinen Unterricht mit Weisungen versehen werden kann.

Neben ihrer Lehrthätigkeit sind die beamteten Lehrer zum großen Teile bei der Selbstverwaltung der Hochschule und ihrer Abteilungen thätig. Während nun aber bei den Universitäten auf dem Teilnahmerechte und der Nichtbeteiligung an dieser Selbstverwaltung die Unterscheidung der ordentlichen und der außerordentlichen Professoren beruht, ist eine Trennung der beamteten Lehrer nach diesem Einteilungsgrunde den Technischen Hochschulen fremd. Die Professoren sind als solche an der Selbstverwaltung beteiligt, den Dozenten kann aber ein solches Teilnahmerecht vom Minister beigelegt werden.

Im übrigen entspricht das Pflichtverhältnis der beamteten Lehrer der Technischen Hochschulen dem der Universitätsprofessoren.

Die beamteten Lehrer haben Anspruch auf den mit ihrem Amte verbundenen Rang. Durch Allerhöchsten Erlaß vom 20. April 1892 sind die etatsmäßigen Professoren gleich den ordentlichen Universitätsprofessoren der vierten Rangklasse zugeteilt worden mit der Maßgabe, daß, wenn einer der betreffenden Lehrer einen ihm persönlich beigelegten höheren Rang besitzt, es dabei sein Bewenden hat. Den Dozenten kann bei anerkennenswerten Leistungen auf ihrem Gebiete von dem Unterrichtsminister der Professortitel verliehen werden. Nur soweit dies geschehen ist, gehören sie nach dem Allerhöchsten Erlasse vom 20. April 1892 der fünften Rangklasse an. Die anderen Dozenten stehen aber nicht etwa als Subalternbeamte unter der fünften Klasse, sondern sie haben überhaupt keinen Rang, sie gehen umher wie Peter Schlemihl ohne Schatten.

Die Befugnis zur Anlegung einer Amtstracht haben nach dem Allerhöchsten Erlasse vom 13. November 1893 nur die Mitglieder der Abteilungen als solche und zwar gleicherweise mögen sie etatsmäßige Professoren oder Dozenten sein. Dagegen steht den Dozenten, die nicht Mitglieder eines Abteilungskollegiums sind, keinerlei Amtstracht zu.

Die etatsmäßigen Professoren beziehen zunächst Gehalt. Dieses beträgt in Charlottenburg durchschnittlich 6500, in Hannover und Aachen durchschnittlich 5500 Mk. Dazu kommt der tarifmäßige Wohnungsgeldzuschuß der ersten Servisklasse von jährlich 660 Mark Die Dozenten beziehen nur Remuneration.

Allen beamteten Lehrern ist ferner und zwar den etatsmäßigen Professoren als nicht pensionsfähige Einnahme ein Teil des Unterrichtshonorars zugesichert. Dieser Anteil besteht in einem Viertel von den für ihren Unterricht eingehenden Unterrichtsgeldern oder in 10 Mark von jedem Praktikanten bei ganztägigen Übungen. Dieser Honoraranteil darf aber für den einzelnen Lehrer nicht mehr als 3000 Mk. jährlich betragen. Im übrigen verdient der Lehrer das Honorar für den Staat. Dieser ist daher fiskalisch daran interessiert, daß die Vorlesungen entgeltlich gehalten werden. Die Abhaltung unentgeltlicher Vorlesungen ist ohne höhere Genehmigung ausgeschlossen.

Endlich steht zur Heranziehung hervorragender Lehrkräfte dem Minister ein besonderer Zulagefonds zur Verfügung.

Die etatsmäßigen Professoren werden nach denselben Grundsätzen wie andere Staatsbeamte gemäß dem Pensionsgesetze vom 27. März 1872 (G. S. 1872, S. 268) und der Novellen vom 31. März 1882 (G. S. 1882, S. 133) und 30. April 1884 (G. S. 1884, S. 126) pensioniert.

Die Pension beträgt, wenn die Versetzung in den Ruhestand nach vollendetem zehnten, jedoch vor vollendetem elften Dienstjahre eintritt, $^{15}/_{60}$ und steigt von da ab jedes Jahr um $^{1}/_{60}$, jedoch nicht über $^{45}/_{60}$ des Diensteinkommens. Wird die Pension vor Vollendung des zehnten Dienstjahres gezahlt, so beträgt sie $^{15}/_{60}$ und, wenn ein gesetzlicher Pensionsanspruch nicht besteht, höchstens $^{15}/_{60}$ (§ 8, Novelle vom 31. März 1882). Bei der Berechnung der Pension wird das letzte Diensteinkommen des Beamten mit Ausschluß von Tantièmen, Gratifikationen u. s. w. zu Grunde gelegt und zwar Naturalbezüge nach ihrem Durchschnittswerte, der Wohnungsgeldzuschuß nach einem Durchschnitte sämtlicher Servisklassen und von einem 4000 Mk. übersteigenden Diensteinkommen nur zur Hälfte (§ 10). Die Dienstzeit wird, sofern der Beamte nicht schon vorher Dienste geleistet hat, von der Ableistung des Diensteides an gerechnet (§ 13). Auch die Zeit der Stellung zur Disposition, des bloßen Vorbereitungsdienstes und des aktiven Militärdienstes wird mitgezählt, die vor Beginn des 21. Lebensjahres fallende Dienstzeit jedoch nur dann, wenn es sich um einen Militärdienst während des Krieges handelte (§§ 14—16). Für jeden Feldzug, in dem der Beamte wirklich vor den Feind gekommen oder mobilen Truppen in das Feld gefolgt ist, wird ein Jahr zugerechnet (§ 17). Die Einrechnung eines einjährigen oder längeren Festungsarrestes und der Kriegsgefangenschaft kann nur unter besonderen Umständen mit königlicher Genehmigung erfolgen (§ 18). Mit königlicher Genehmigung ist ferner zulässig die Anrechnung des Dienstes als Sachwalter oder Notar, im Gemeinde-, Kirchen- oder Schuldienste, im ständischen oder landesherrlichen Hofdienste, im auswärtigen Staatsdienste oder die Zeit praktischer Beschäftigung außerhalb des Staatsdienstes, soweit diese Beschäftigung vor Erlangung der Anstellung herkömmlich war (§ 19).

Die Pensionen werden monatlich im voraus bezahlt (§ 25), sie sind weder abtretbar noch verpfändbar (§ 26). Der Pensionsbezug ruht, wenn der Beamte das deutsche Indigenat verliert, bis zu dessen Wiedererlangung, und wenn und solange er im Reichs- oder Staatsdienste ein Diensteinkommen bezieht, soweit dieses unter Hinzurechnung der Pension den Betrag des von dem Beamten vor der Pensionierung bezogenen Diensteinkommens übersteigt (§ 27).

Den Dozenten steht irgend welcher Pensionsanspruch nicht zu. Wohl aber kommt nach den oben erörterten Grundsätzen, wenn der Dozent später eine etatsmäßige Professur erlangt, bei der Pensionierung auch seine Dienstzeit als Dozent in Anrechnung.

Eine Fürsorge für die Hinterbliebenen besteht endlich nur bezüglich der etatsmäßigen Professoren.

Die Hinterbliebenen, d. h. Witwen, Kinder und Enkel, haben zunächst nach den allgemeinen Grundsätzen Anspruch auf die sogenannten Gnadenkompetenzen nach dem Gesetze vom 6. Februar 1881. In dieser Beziehung besteht zwischen den etatsmäßigen Professoren der Technischen Hochschulen und den Universitätsprofessoren kein Unterschied. Da jedoch nur erstere pensionsberechtigt sind, umfassen die Gnadenkompetenzen ihrer Hinterbliebenen auch die Pension. Von dieser wird aber außer dem Sterbemonat nur noch ein einziger Gnadenmonat gewährt.

Aus der Pensionsberechtigung der etatsmäßigen Professoren der Technischen Hochschulen folgt aber überhaupt ihre Gleichstellung mit anderen Staatsbeamten bezüglich der Reliktenversorgung. Diese ist geregelt durch die Gesetze vom 20. Mai 1882 (G. S. 1882, S. 298), 28. März 1888 (G. S. 1888, S. 48) und 1. Juni 1897 (G. S. 1897, S. 169). Nachdem die 1882 begründete Verpflichtung der Beamten zur Zahlung von Witwen- und Waisengeldbeiträgen 1888 aufgehoben ist, gestaltet sich die Versorgung nunmehr in folgender Weise.

Das Witwengeld besteht in 40 Prozent derjenigen Pension, zu welcher der Verstorbene berechtigt gewesen ist oder berechtigt gewesen sein würde, wenn er am Todestage in den Ruhestand versetzt wäre. Das Witwengeld soll jedoch für Witwen von Beamten der vierten und folgenden Rangklassen, wozu die etatsmäßigen Professoren gehören, 2000 Mk. nicht übersteigen (§ 8, Ges. vom 1. Juni 1897 Art. I). Das Waisengeld beträgt a) für Kinder, deren Mutter lebt und zur Zeit des Todes des Beamten zum Bezuge von Witwengeld berechtigt war, ein Fünftel des Witwengeldes für jedes Kind, b) für Kinder, deren Mutter nicht mehr lebt oder zur Zeit des Todes des Beamten zum Bezuge von Witwengeld nicht berechtigt war, ein Drittel des Witwengeldes für jedes Kind (§ 9). Witwen- und Waisengeld dürfen weder einzeln noch zusammen den Betrag der Pension übersteigen, zu der der Verstorbene berechtigt gewesen ist oder gewesen sein würde, wenn er am Todestage in den Ruhestand versetzt worden wäre. Bei Anwendung dieser Beschränkung werden das Witwen- und das Waisengeld verhältnismäßig gekürzt (§ 10). Bei einer Witwe, die mehr als 15 Jahre jünger ist als ihr verstorbener Ehemann, wird für jedes angefangene Jahr des Altersunterschiedes bis einschließlich 25 Jahre der Betrag um $^1/_{20}$ gekürzt, die Höhe des Waisengeldes bleibt aber unberührt. Nach fünfjähriger Dauer der Ehe wird für jedes angefangene Jahr ihrer weiteren Dauer dem gekürzten Betrage $^1/_{20}$ solange hinzugesetzt, bis der volle Betrag erreicht ist (§ 12, Ges. vom 1. Juni 1897 Art. II). Der Anspruch auf Witwengeld fällt fort, wenn die Ehe mit dem verstorbenen Beamten drei Monate vor seinem Ableben oder lediglich zwecks Verschaffung des Witwengeldes geschlossen war. Ebenso haben Witwen und Kinder aus einer erst nach der Pensionierung geschlossenen Ehe keinen Anspruch (§ 13). Den Hinterbliebenen eines nicht pensionsberechtigten Beamten, dem Pension hätte gewährt werden können, darf Witwen- und Waisengeld von dem Departementschef in Gemeinschaft mit dem Finanzminister bewilligt, auch unter denselben Voraussetzungen wie bei Beamten die Einrechnung gewisser Zeiten für die Normierung der Höhe der Bezüge von ihnen vorgenommen werden (§ 14). Das Witwen- und Waisengeld wird von Ablauf der Gnadenzeiten monatlich im voraus bezahlt (§§ 15, 16). Es ist unübertragbar und unverpfändbar (§ 17). Der Anspruch erlischt für jeden Berechtigten mit Ablauf des Monats, in dem er sich verheiratet oder stirbt, außerdem für jede Waise mit Ablauf des Monats, in dem sie das 18. Lebensjahr vollendet (§ 18). Der Anspruch ruht, wenn der Berechtigte das deutsche Indigenat verliert, bis zu dessen Wiedererlangung (§ 19).

Die Bestimmung des § 96 des Gesetzes vom 21. Juli 1852, daß seine §§ 87—95 auf Universitätslehrer keine Anwendung finden sollen, läßt die volle Anwendbarkeit des Gesetzes auf die beamteten Lehrer der Technischen Hochschulen unberührt.

Versetzung in ein anderes Amt von nicht geringerem Range und etatsmäßigem Diensteinkommen müssen sich im Interesse des Dienstes die nicht richterlichen Beamten unter Vergütung der gesetzlichen Umzugskosten auch außerhalb des Disciplinarverfahrens gefallen lassen (§ 87 des Ges. vom 21. Juli 1852). Da etatsmäßiges Diensteinkommen vorausgesetzt wird, erscheint eine solche Versetzung wider Willen nur bei den etatsmäßigen Professoren der Technischen Hochschulen, nicht dagegen bei den Dozenten zulässig. Die Versetzung braucht nicht an eine andere Technische Hochschule zu erfolgen, es kann auch ein anderes Amt, für das der Betreffende geeignet ist, in Frage kommen, z. B. die ordentliche Professur einer Universität. Nur Rang und etatsmäßiges Gehalt müssen gleich bleiben. Eine Verringerung des Wohnungsgeldzuschusses infolge der Versetzung in einen Ort der niedrigeren Servisklasse ist dabei keine Gehaltsverminderung. Ebenso wenig ist es als eine Verkürzung im Einkommen anzusehen, wenn die Gelegenheit zur Verwaltung von Nebenämtern entzogen wird, oder der Bezug der für die Dienstunkosten besonders ausgesetzten Einnahmen mit diesen Unkosten selbst fortfällt.

Außerdem ist als Disciplinarstrafe zulässig die Versetzung in ein anderes Amt von gleichem Range, jedoch mit Verminderung des Einkommens und Verlust des Anspruchs auf Umzugskosten oder mit einem von beiden Nachteilen.

Die Stellung zur Disposition kommt auch für die Lehrer der Technischen Hochschulen nicht in Frage.

In Bezug auf die Zulässigkeit der Suspension stehen sie allen anderen Staatsbeamten, namentlich auch den Universitätsprofessoren, gleich.

Indem aber die Lehrer der Technischen Hochschulen von den Bestimmungen des Disciplinargesetzes vom 21. Juli 1852 nicht ausgenommen werden, findet in dieser Beziehung ein weiterer Unterschied zwischen ihnen und den Universitätsprofessoren statt. Die etatsmäßigen Professoren sind gleich den übrigen etatsmäßigen Beamten pensionsberechtigt. Es greift hier das Pensionsgesetz vom 27. März 1872 (G. S. 1872, S. 268) mit den Novellen vom 31. März 1882 (G. S. 1882, S. 133) und 30. April 1884 (G. S. 1884, S. 126) Platz.

Die Pensionierung findet hiernach statt bei Beamten, die nach wenigstens zehnjähriger Dienstzeit infolge eines körperlichen Gebrechens oder wegen Schwäche ihrer körperlichen oder geistigen Kräfte zur Führung der Amtsgeschäfte dauernd unfähig sind, und wenn sie sich auch bei kürzerer Dienstzeit ihre Dienstunfähigkeit durch Krankheit, Verwundung oder sonstige Beschädigung bei Ausübung des Dienstes oder aus dessen Veranlassung ohne eigenes Verschulden zugezogen haben. Die Dienstunfähigkeit ist nicht Vorbedingung der Pensionierung, wenn der Beamte das 65. Lebensjahr vollendet hat.

Sucht der Beamte die Pensionierung nach, so wird diese vom Könige, da er auch die Ernennung vollzogen hat, verfügt. Der Beamte hat jedoch bei Stellung des Pensionierungsantrages den Nachweis zu erbringen, daß eine der gesetzlichen Voraussetzungen der Pensionierung bei ihm vorliegt. Beantragt dagegen der Beamte die Pensionierung nicht, während die vorgesetzte Behörde ihn für körperlich oder geistig dienstunfähig hält, so kann zwangsweise die Pensionierung eintreten. Den Beamten oder deren nötigenfalls zu bestellenden Kuratoren wird von der vorgesetzten Dienstbehörde unter Angabe des zu gewährenden Pensionsbetrages und der Gründe der Pensionierung eröffnet, daß der Fall der Versetzung in den Ruhestand vorliege. Innerhalb sechs Wochen nach der Eröffnung kann der Beamte seine Einwendungen bei der vorgesetzten Dienstbehörde anbringen. Durch Vermittlung des Ministers gehen die Akten an das Staatsministerium, auf dessen Antrag der König entscheidet. Erhebt der Beamte gegen die gemachte Eröffnung innerhalb der sechswöchigen Frist keine Einwendung, so wird ebenso verfügt, als wenn er seine Pensionierung selbst nachgesucht hätte. Das gleiche findet statt, wenn ein Beamter, der das 65. Lebensjahr vollendet hat, seine Pensionierung nicht beantragt (§§ 90, 92 des Ges. vom 21. Juli 1852, Ges. vom 31. März 1882).

Ein dienstunfähiger Beamter, der noch keine Pensionsberechtigung erreicht hat, kann gegen seinen Willen nur unter Beobachtung der für die Disciplinaruntersuchung vorgeschriebenen Formen in den Ruhestand versetzt werden. Nur wenn die Gewährung einer Pension in dem Betrage, wie er sie nach erreichter Pensionsberechtigung zu beanspruchen hätte, für angemessen erachtet wird, kann die Pensionierung in den gewöhnlichen Formen erfolgen (§ 93 des Ges. vom 21. Juli 1852).

Die Pensionierung hebt nicht das Staatsdienstverhältnis überhaupt auf, sondern nur die Verpflichtung zur amtlichen Thätigkeit. Der Beamte behält daher seinen letzten Amtstitel mit einem das Pensionsverhältnis andeutenden Zusatze. Es bleiben ihm auch alle Dienstpflichten, die nicht mit einer konkreten Amtsthätigkeit zusammenhängen, insbesondere die Verpflichtung zu einem Verhalten, wie solches die Achtung, das Ansehen und das Vertrauen des Berufs erfordern. Die Erfüllung dieser Verpflichtungen kann auch gegenüber dem pensionierten Beamten durch Disciplinarmittel erzwungen werden.

Da die etatsmäßigen Professoren bei Dienstunfähigkeit pensioniert werden, so kommt die Errichtung von Ersatzprofessuren an den Technischen Hochschulen nicht in Frage.

Die vollständige Lösung des Beamtenverhältnisses erfolgt für die beamteten Lehrer der Technischen Hochschulen aus denselben Gründen wie für alle anderen Beamten einschließlich der Universitätsprofessoren, also durch Tod, durch Verurteilung zu gewissen schwereren Strafen und durch Entlassung auf Antrag oder im Wege des Disciplinarverfahrens.

Da die Dozenten nicht etatsmäßig angestellt, sondern auf halbjährliche Kündigung angenommen sind, kann bei ihnen die Lösung des Staatsdienstverhältnisses auch durch Kündigung des Beamten oder des Ministeriums erfolgen.

§ 19. Die Privatdozenten und Assistenten.

Die Stellung der Privatdozenten der Technischen Hochschulen beruht auf den Verfassungsstatuten und den zu deren Ausführung erlassenen ministeriellen Regulativen, namentlich der Habilitationsordnung. An gesetzlichen Normen fehlt es vorläufig so gut wie ganz. Die Ausdehnung des Gesetzes vom 17. Juni 1898 betreffend die Disciplinarverhältnisse der Privatdozenten an den Landesuniversitäten auf die Technischen und sonstigen Hochschulen in einer der Verfassung dieser Anstalten entsprechenden Weise ist in § 8 des Gesetzes zwar vorgesehen, aber bisher nicht erfolgt.

Das Recht, an einer Technischen Hochschule als Privatdozent zu lehren, kann nur durch Habilitation bei einer der an der Hochschule bestehenden Abteilungen und nur für solche Lehrfächer erworben werden, welche innerhalb dieser Abteilung vertreten sind. Das Gesuch um Zulassung zur Habilitation ist schriftlich bei dem Vorsteher derjenigen Abteilung einzureichen, in deren Gebiet die Lehrthätigkeit des Bewerbers fällt (H. O. § 1). Dem Gesuche sind beizufügen:

1. Eine Darstellung des Lebens- und Bildungsganges des Bewerbers nebst Angabe der Lehrgegenstände, für welche er sich zu habilitieren wünscht;

2. das Reifezeugnis eines deutschen Gymnasiums, Realgymnasiums oder einer Ober-Realschule;

3. die Zeugnisse über ein mindestens dreijähriges, dem bezüglichen Lehrgebiete gewidmetes akademisches Studium, sowie der Nachweis, daß der Bewerber entweder die erste technische Staatsprüfung oder die Diplomprüfung an einer deutschen Technischen Hochschule bestanden oder den Doktorgrad an einer deutschen Universität nach vorgängiger mündlichen Prüfung und auf Grund einer gedruckten Dissertation erworben hat; der von den Technischen Hochschulen zu verleihende Grad des Dr. ing., dessen Entstehung erst der neuesten Zeit angehört, kommt bis auf weiteres für die Habilitation nicht in Frage;

4. der Nachweis einer dreijährigen, auf die weitere Ausbildung innerhalb des bezüglichen Fachs gerichteten wissenschaftlichen bezw. praktisch-technischen oder künstlerischen Thätigkeit nach beendigtem Studium;

5. eine geschriebene oder gedruckte Abhandlung aus dem betreffenden Lehrgebiete, oder wenn der Bewerber in mehreren Hauptfächern des Lehrgebiets der Abteilung dozieren will, eine Abhandlung aus jedem dieser Fächer, bei der Architekturabteilung können diese Arbeiten ergänzt bezw. ersetzt werden durch ein oder mehrere Spezialprojekte oder durch den Nachweis selbstständiger Ausführung größerer technischen Anlagen und Konstruktionen;

6. Ein amtliches Führungsattest, sowie, wenn der Bewerber ein Deutscher ist, der Nachweis, daß er den Bestimmungen über die Wehrpflicht genügt hat.

Für die Lehrfächer des Freihandzeichnens (mit Einschluß von Figurenzeichnen, Landschaftszeichnen, Aquarellieren) und des Modellierens genügt statt der Bedingungen unter 2 und 3 der Nachweis eines dreijährigen Studiums auf einer deutschen Kunstakademie oder einer deutschen Technischen Hochschule und als Erfüllung der Bedingung unter 5 die Einreichung entsprechender künstlerischen Leistungen (H. O. § 2). Die Abteilung kann Dispensation von den Erfordernissen zu 2, 3, 4 beim Minister beantragen, andererseits aber in Charlottenburg, nicht jedoch bei den anderen Technischen Hochschulen mit Genehmigung des Ministers einen Bewerber wegen Überfüllung des Fachs zurückweisen (H. O. § 3).

Die Abteilung beschließt über die Zulassung nach Vortrag eines Referenten und Korreferenten und, soweit Bedenken gegen die Person des Bewerbers oder die Zulassung seines Lehrfachs obwalten, nach Bericht an den Minister (H. O. § 4, 5).

Nach erfolgter Zulassung hat der Bewerber einen Probevortrag vor der Abteilung zu halten. Hierzu stellt er der Abteilung drei Themata seines Lehrgebietes zur Auswahl. Den Vortrag hat er spätestens vier Wochen darauf zu halten. Dazu sind einzuladen die Mitglieder der Abteilung, der Rektor, die Abteilungsvorsteher und sonstige Dozenten der Hochschule, deren Anwesenheit dem Kollegium erwünscht erscheint (H. O. § 6). An den Vortrag schließt sich ein Kolloquium an (H. O. § 7). Bewerbern, die bereits an anderen Hochschulen mit gutem Erfolge doziert und sich durch wissenschaftliche oder künstlerische Leistungen hervorgethan haben, können Probevortrag und Kolloquium auf Beschluß der Abteilung erlassen werden (H. O. § 8). Bewerbern, die bereits an einer preußischen Universität oder Technischen Hochschule in den gleichen Lehrgegenständen als Privatdozenten doziert haben, kann in Hannover die Habilitation als Privatdozent nur mit Genehmigung des Ministers versagt werden (H. O. § 9). An die Probevorlesung und das Kolloquium schließt sich die Entscheidung der Abteilung über die Zulassung als Privatdozent an. Der Privatdozent muß einen Revers unterschreiben, wonach er sich zur Beobachtung der Ordnungen der Technischen Hochschule verpflichtet. Irgend welche Anstellung oder Vereidigung findet nicht statt. Der zurückgewiesene Bewerber kann nur noch einmal und nicht vor

Ablauf eines Jahres sein Habilitationsgesuch erneuern (H. O. § 10). Über die vollzogene Habilitation macht der Abteilungsvorsteher den anderen Abteilungsvorstehern Mitteilung, erläßt eine Bekanntmachung am schwarzen Brette und erstattet dem Minister Anzeige. Die gleiche Anzeige ist bezüglich zurückgewiesener Habilitationsgesuche vorgeschrieben (H. O. § 11). Dagegen findet eine öffentliche Habilitationsvorlesung nicht statt.

Bei Einreichung des Meldungsgesuches hat der Bewerber zur Kasse der Technischen Hochschule eine Gebühr von 90 Mk. einzuzahlen, welche bei Zurückweisung wegen Überfüllung des Fachs — nur in Charlottenburg zulässig — ganz, bei Zurückweisung nach stattgehabter Begutachtung der eingereichten Nachweise zur Hälfte zurückgezahlt wird (H. O. § 12). Die Gebühren fließen den an der Habilitation beteiligten Professoren und den dabei mit Büreau- und Kassenarbeiten beschäftigten Beamten zu.

Die Stellung der Privatdozenten ist der der Privatdozenten an den Universitäten nachgebildet. Sie sind daher keine Beamte, wohl aber ergiebt sich für sie ein eigentümliches Pflichtverhältnis durch ihre Thätigkeit an einer staatlichen Anstalt.

Durch die Habilitation hat der Privatdozent das Recht zur Ausübung der Lehrthätigkeit. Er darf innerhalb des Lehrgebietes, für welches er seine Befähigung durch die Habilitation nachgewiesen hat, Kollegien lesen, jedoch nicht mit einer geringeren Stundenzahl und zu einem geringeren Honorarsatze ankündigen und abhalten, als für die über den gleichen Gegenstand seitens der staatlich besoldeten oder honorierten Dozenten angekündigten Kollegien festgestellt ist. In Lehrfächern, für welche der Privatdozent durch die Habilitation nicht zugelassen wurde, darf er nur mit Genehmigung des Abteilungskollegiums, welches den Nachweis der Befähigung für den neuen Lehrgegenstand zu fordern berechtigt ist, dozieren. Die Einhaltung des durch die Venia legendi umgrenzten Lehrgebietes wird durch besondere Kontrollmaßregeln gesichert. Die Anschläge am schwarzen Brette, durch welche der Privatdozent seine Kollegien ankündigt, müssen von dem Abteilungsvorsteher vorher geprüft und mit dessen „Gesehen" und Namensunterschrift versehen sein. Das Verzeichnis der Kollegien, die der Privatdozent in dem jedesmaligen nächsten Studienjahre abzuhalten gedenkt, hat er behufs Aufnahme in das Programm der Technischen Hochschule bis zu dem von deren Organen festgestellten Termine dem Abteilungsvorsteher einzureichen.

Auch ist von ihm auf Verlangen des Abteilungskollegiums ein spezielles Inhaltsverzeichnis der Kollegien vorzulegen (H. O. § 14).

Trotz der mangelnden Beamteneigenschaft haben nun aber die Privatdozenten der Technischen Hochschulen im Gegensatze zu denjenigen der Universitäten nicht nur ein Recht, sondern eine Pflicht zur Ausübung der Lehrthätigkeit. Diese Verpflichtung beruht auf der Zulassung als Lehrer einer staatlichen Anstalt.

Der Privatdozent ist verpflichtet, die angekündigten Kollegien abzuhalten, wenn sich mindestens drei Teilnehmer für diese haben einschreiben lassen. Er hat nach den Ordnungen der Technischen Hochschule seine Lehrthätigkeit zu beginnen und ohne Unterbrechung durchzuführen. Bei einer mehr als achttägigen Unterbrechung infolge von Krankheit oder anderen dringenden Umständen hat er dem Abteilungsvorsteher Anzeige zu machen. Zu der gleichen Anzeige ist er für den Fall verpflichtet, daß es ihm wegen mangelnden Besuches des Kollegs nicht gelingt, dieses zu beginnen oder weiter zu führen (H. O. § 15).

Für die Aussetzung der Lehrthätigkeit bedarf der Privatdozent, da er nicht Beamter ist, zwar keines Urlaubs. Infolge der ihm obliegenden Lehrverpflichtung darf er aber seine Lehrthätigkeit nicht selbstständig unterbrechen. Will der Privatdozent seine Lehrthätigkeit für ein Semester oder länger unterbrechen, so hat er hierzu durch Vermittlung des Abteilungskollegiums bezw. des Senats die Genehmigung des Ministers einzuholen (H. O. § 16).

Im übrigen sind die Vorlesungen und Übungen der Privatdozenten denen der beamteten Lehrer formell gleichwertig, wie ihnen auch in gleicher Weise die Mittel der staatlichen Veranstaltung zur Verfügung stehen.

Soweit die Lehrthätigkeit der Privatdozenten wissenschaftlich ist, wird sie wie die der beamteten Lehrer durch die verfassungsmäßige Lehrfreiheit gedeckt. An die Lehrer der Technik können dagegen über Form und Inhalt ihrer Lehre kraft des allgemeinen Aufsichtsrechtes über die staatliche Anstalt Anweisungen des Ministeriums ergehen.

Der Pflichtenkreis des Privatdozenten außerhalb seines Berufs ergiebt sich aus seiner Stellung als Lehrer einer staatlichen Anstalt. In dieser Beziehung besteht kein Unterschied von den Privatdozenten der Universitäten.

Die Erfüllung der Pflichten der Privatdozenten kann durch Disciplinarstrafen erzwungen werden. Da jedoch das Gesetz vom

17. Juni 1898 auf die Technischen Hochschulen bisher nicht übertragen ist, besteht hier derselbe Zustand fort wie früher für die Universitäten. Das disciplinare Strafrecht im allgemeinen folgt aus dem Recht der Aufsicht über die staatliche Anstalt und die bei ihr beschäftigten Lehrer. Es ist zum Teil geregelt durch die Habilitationsordnung, ein Regulativ des Unterrichtsministers. Der Abteilungsvorsteher ist berechtigt, dem Privatdozenten wegen Verstoßes gegen die Ordnungen und Lehrinteressen der Technischen Hochschule auf Beschluß des Abteilungskollegiums Vorhaltungen zu machen (H. O. § 18).

Bei wiederholten und groben Verstößen, bezw. bei Vorkommnissen, welche das öffentliche Ansehen der Technischen Hochschule berühren, ist das Abteilungskollegium nach Anhörung des Privatdozenten berechtigt, bezw. nach Lage der Sache verpflichtet, die Entziehung der erteilten Lehrberechtigung durch Vermittlung des Senats bei dem Minister zu beantragen (H. O. § 19).

Die Streitfragen, welche anläßlich des Falles Arons hinsichtlich der Disciplinarbefugnisse des Ministers über die Privatdozenten der Universitäten auftauchten und jetzt durch das Gesetz gelöst sind, wiederholen sich hier. Insbesondere fragt es sich, ob das Ministerium trotz der Regelung des Disciplinarrechtes durch Regulativ noch weitere Disciplinarbefugnisse für sich in Anspruch nehmen kann. Diese Frage ist zu bejahen aus folgenden Gründen. Aus dem Charakter der Technischen Hochschule als einer staatlichen Anstalt ergiebt sich ein allgemeines Aufsichtsrecht des Ministers über die Anstalt selbst wie die bei ihr beschäftigten Lehrer. Dieses Aufsichtsrecht ist auch die Quelle des Disciplinarrechtes. Soweit das Disciplinarrecht gesetzlich geregelt ist, hat damit jede Behörde eine feste Zuständigkeit in Bezug auf Disciplinarbefugnisse zugewiesen erhalten. Keine Behörde hat also andere Rechte als die gesetzlichen. Dagegen kann der Minister sein umfassendes, auf § 1 des Verfassungsstatutes, also einer königlichen Verordnung beruhendes Aufsichtsrecht nicht durch ein Regulativ einschränken. Wegen des verschiedenen Charakters der Rechtsquellen kann die Regelung des Disciplinarrechts durch Regulativ niemals erschöpfend sein und läßt weitere Disciplinarbefugnisse des Ministers, die sich auf das allgemeine Aufsichtsrecht nach Maßgabe der königlichen Verordnung stützen, unberührt. Der Minister kann daher selbstständig Ordnungsstrafen gegen Privatdozenten verhängen und sie, auch ohne daß ein Antrag der Abteilung vorliegt, aus ihrer Stellung entfernen.

Die Privatdozenten beziehen das von ihnen verdiente Honorar.

Die Stellung als Privatdozent erlischt durch einseitigen Verzicht auf die Lehrerlaubnis. Die Eigenschaft kann außerdem im Disciplinarverfahren entzogen werden. Endlich erlischt die Lehrberechtigung des Privatdozenten, wenn er ohne Genehmigung seine Lehrthätigkeit für ein Semester unterbrochen hat; sie kann ferner auf Antrag des Abteilungskollegiums vom Minister entzogen werden, wenn er in zwei auf einander folgenden Studienjahren wegen mangelnder Teilnahme keines der angekündigten Kollegien hat zu stande bringen, bezw. während der Semesterdauer fortführen können. Die Stellung des Privatdozenten an einer Technischen Hochschule bedeutet hiernach keineswegs einen character indelebilis, der nach längerer Einstellung der Lehrthätigkeit jederzeit durch deren Wiederaufnahme wieder zur Geltung kommen kann. Die Stellung der Privatdozenten der Technischen Hochschulen ist auch in dieser Beziehung der der Beamten mehr angenähert, als es bei den Universitäten der Fall ist. Wer seine Lehrthätigkeit eingestellt hat oder wegen mangelnder Erfolge seiner Lehrerlaubnis verlustig gegangen ist, kann nur durch eine neue Habilitation wieder Privatdozent werden.

Die Assistenten werden zur Unterstützung der Professoren und Dozenten von diesen mit Genehmigung des Ministers auf Kündigung angenommen. Sie stehen wie die Assistenten der Universitäten in einem privaten Dienstverhältnisse zum Staate. Sie sind ständige Assistenten, wenn sie für Stellen angenommen sind, für welche fixierte Remunerationen im Etat der Hochschule vorgesehen sind. Diese Remunerationen betragen durchschnittlich in Charlottenburg 1600, in Hannover 1500 und in Aachen 1650 Mk. jährlich. Die zweite Klasse bilden die Honorarassistenten. Sie werden nur bei einer gewissen Anzahl von Besuchern eines Übungskollegs (bei 20 bezw. 30 Teilnehmern) semesterweise angenommen und stundenweise mit 3 Mk. für die Jahresstunde ausgeschlossen. Ein Pensionsanspruch der Assistenten ist schon durch den privatrechtlichen Charakter ihres Dienstverhältnisses ausgeschlossen. Den Assistenten stehen gleich die zur Leitung von Werkstätten und Versuchsstationen besonders bestellten Techniker.

Register.

Die Zahlen bedeuten die Seiten.

FSC
www.fsc.org
MIX
Papier | Fördert
gute Waldnutzung
FSC® C083411

Kolibri 360 GmbH
Ferdinand-Jühlke-Straße 7
99095 Erfurt, Deutschland
produktsicherheit@kolibri360.de